utb 5843

Eine Arbeitsgemeinschaft der Verlage

Brill | Schöningh – Fink · Paderborn
Brill | Vandenhoeck & Ruprecht · Göttingen – Böhlau Verlag · Wien · Köln
Verlag Barbara Budrich · Opladen · Toronto
facultas · Wien
Haupt Verlag · Bern
Verlag Julius Klinkhardt · Bad Heilbrunn
Mohr Siebeck · Tübingen
Narr Francke Attempto Verlag – expert verlag · Tübingen
Psychiatrie Verlag · Köln
Ernst Reinhardt Verlag · München
transcript Verlag · Bielefeld
Verlag Eugen Ulmer · Stuttgart
UVK Verlag · München
Waxmann · Münster · New York
wbv Publikation · Bielefeld
Wochenschau Verlag · Frankfurt am Main

Daniela Trunk | Sebastian Simmert

Wissenschaftliches Arbeiten im polizeiwissenschaftlichen Studium

Verlag Barbara Budrich
Opladen & Toronto 2022

Die Autor*innen:

Prof. Dr. Daniela Trunk, Professur für Kriminalistik, Master Kriminalistik an der Hochschule der Polizei des Landes Brandenburg

Dr. Sebastian Simmert, wissenschaftlicher Mitarbeiter, Hochschule der Polizei des Landes Brandenburg

Bibliografische Information der Deutschen Nationalbibliothek

Die Deutsche Nationalbibliothek verzeichnet diese Publikation in der Deutschen Nationalbibliografie; detaillierte bibliografische Daten sind im Internet über https://portal.dnb.de abrufbar.

Gedruckt auf säurefreiem und alterungsbeständigem Papier.

www.budrich.de

utb-Bandnr.	**5843**
utb-ISBN	**978-3-8252-5843-6**
utb-e-ISBN	978-3-8385-5843-1

Online-Angebote oder elektronische Ausgaben sind erhältlich unter www.utbshop.de.

Umschlaggestaltung: Atelier Reichert, Stuttgart
Titelbildnachweis: www.istockphoto.com
Lektorat: Dr. Andrea Lassalle, Berlin – andrealassalle.de
Satz: Ulrike Weingärtner, Gründau – info@textakzente.de
Druck und Bindung: Pustet, Regensburg
Printed in Germany

Inhaltsverzeichnis

Einleitende Hinweise

Das vorliegende Lehrbuch wendet sich an Studierende in gestuften modularen Studiengängen ebenso wie an Studierende, die in Vorbereitung des juristischen Staatsexamens Schwerpunktarbeiten in den Kriminalwissenschaften verfassen. Bei der Erstellung der Hinweise war nicht die formelle Struktur des Studiums leitend, sondern die Interdisziplinarität, die in einer Vielzahl von geisteswissenschaftlichen Studiengängen angelegt ist; Gleiches gilt für juristische, kriminal- und polizeiwissenschaftliche Ausbildungen. Ausgangspunk der Entstehung dieses Lehrbuches ist ein mehrteiliges Propädeutikum für Studierende der Polizeiwissenschaften an der FH Polizei Sachsen-Anhalt. Daher wird an einigen Stellen konkret auf die Erfordernisse für Studierende der (Fach-)Hochschulen der Polizeien der Länder Bezug genommen.

Auch im fachlichen Hintergrund des Verfassers und der Verfasserin des Lehrbuches bildet sich Interdisziplinarität ab. Sebastian Simmert studierte Philosophie, Politikwissenschaft und Komparatistik. Er arbeitet seit Jahren in der Rechtsphilosophie und Logik, in jüngerer Zeit bilden Wahrscheinlichkeitstheorien und kriminologische Aspekte bei der Terrorismusbekämpfung einen Forschungsschwerpunkt. Daniela Trunk ist Kriminalwissenschaftlerin mit kriminologisch-kriminalistischen Schwerpunkt. Sie lehrt Kriminologie, Viktimologie, Sanktionsrecht und Strafrecht an verschiedenen deutschen Hochschulen. Forschungsschwerpunkte in jüngerer Zeit sind Wirtschaftskriminalität, organisierte Kriminalität und Terrorismus.

Interdisziplinarität erfordert eine Loslösung von tradierten Vorstellungen von Arbeitsweisen, wissenschaftlichen Methoden, fachspezifischer Erschließung von Quellen und Untersuchungsgegenständen sowie Feldzugängen. Daher verweisen die Autorin und der Autor auf allgemeingültige Vorgehensweisen und wissenschaftliche Standards. Sie begleiten die Studierenden in der zuweilen schwierigen Phase der Themenfindung und der Formulierung einer Forschungsfrage, die in wenigen Monaten bearbeitet werden kann. Es folgen Hinweise zum wissenschaftlichen Schreiben. Abschließend werden Anregungen zur Verteidigung der nicht selten ersten wissenschaftlichen Arbeit der Studierenden gegeben. Jeder Abschnitt kann für sich gelesen und bearbeitet werden, je nach eigenem Interesse und Bedarf der Studierenden.

Das Lehrbuch sieht sich als Ergänzung zu fachspezifischen Lehrbüchern, die zur Vertiefung des Methodenstudiums unbedingt herangezogen werden sollten.

Daniela Trunk Sebastian Simmert
Oranienburg, November 2021

I. Teil: Die Themenfindung – Das wissenschaftliche Arbeiten beginnt

In seiner ursprünglichen Bedeutung bezeichnet *Wissenschaft* im Deutschen die Eigenschaft, Wissen um etwas zu haben (Grimm et al., 1999 [1960], Sp. 782). Wissenschaftliches Arbeiten zielt also darauf ab, ein solches Wissen zu erlangen. Den Studierenden wie fortgeschrittenen wissenschaftlich Tätigen stellen sich bei diesem Vorhaben dieselben Herausforderungen.

Fragen, die beantwortet sein wollen, sind daher auch: Wovon will ich Wissen erlangen? Wie kann ich davon Wissen erlangen? Was muss ich dabei beachten?

Dass Studierende dieselben Fragen zu meistern haben wie fortgeschrittene Wissenschaftlerinnen und Wissenschaftler, mag merkwürdig scheinen. Schließlich könnte man meinen, dass wissenschaftlich Tätige aufgrund ihrer Erfahrung diese Fragen schon längst beantwortet haben. Das stimmt nur zum Teil. Wissenschaftlerinnen und Wissenschaftler haben thematisch den Studierenden nur eines voraus, wenn sie sich einem neuen Thema widmen: Sie haben die obigen Fragen schon mehrfach für andere Themen beantwortet. Bei der Bearbeitung eines neuen Themas starten aber auch sie aus einem Zustand der Unwissenheit.

1. Ein Ansatz zur Themenfindung

Bevor Sie mit der wissenschaftlichen Bearbeitung eines Themas beginnen können, müssen Sie aber ein Thema haben. Vielen Studierenden fällt es gerade zu Beginn ihres wissenschaftlichen Weges schwer, ein geeignetes Thema zu finden. Das ist verständlich. Schließlich begeben Sie sich vielleicht zum ersten Mal auf Themensuche.

Bevor Sie sich an die Themensuche machen können, sollten Sie sich fragen, was ein Thema überhaupt ist; dies ist die Voraussetzung, um auf Ihrer Suche etwas zu finden. Das Wort *Thema* stammt vom Altgriechischen *θέμα* und bedeutet so viel wie „etwas, das platziert wurde" (Liddell et al., 1940, 788 [eigene Übersetzung aus dem Englischen]) oder „etwas, das niedergelegt wurde" (Liddell et al., 1940, 788 [eigene Übersetzung aus dem Englischen]). Diese Bedeutung ist auch heute noch präsent, wenn man im Deutschen von einem Thema spricht. Denn das deutsche *Thema* kann als ein „zur ausführung aufgestellter […] grundgedanke" (Grimm et al., 1999 [1935], Sp. 365) verstanden werden. Im Kontext des wissenschaftlichen Arbeitens ist ein Thema daher ein bestimmter Gedanke, den Sie wissenschaftlich bearbeiten wollen.

So gesehen ist die Rede von einer Themensuche und -findung ein bisschen irreführend. Denn letztlich geht es darum, dass Sie einen *Gedanken* finden, von dem Sie der Meinung sind, dass Sie sich über längere Zeit mit ihm auseinandersetzen wollen. Für gewöhnlich macht sich das am Inhalt eines Gedankens fest, den man alltagssprachlich auch schlicht eine Idee nennt.

Wie können Sie aber nun eine passende Idee für einen Gedanken finden?

Gehen wir pragmatisch vor. Zunächst sollten Sie sich über verschiedene formale Anforderungen informieren. Für gewöhnlich finden Sie diese in der für Ihren Studiengang gültigen Prüfungsordnung. Gemeint ist damit z. B. die Zeit, die Ihnen für die Bearbeitung des Themas einer Bachelorarbeit zur Verfügung steht. Haben Sie nur einen kurzen Bearbeitungszeitraum vorgegeben, dann scheiden schon einmal alle Themen aus, die in diesem Zeitraum nicht zu bewältigen sind.

Viele Studierende berücksichtigen hierbei nur die Bearbeitungszeit, in der sie für die Bachelorarbeit freigestellt werden.[1] Nur diese Zeit zu berücksichtigen, ist allerdings in den meisten Fällen völlig unzureichend, um das gewählte Thema den Ansprüchen, die durch die Prüfungsordnung und Ihre Betreuungspersonen an Sie gestellt werden, entsprechend zu bearbeiten. Bedenken Sie aber auch, dass die Bearbeitungszeit schon mit der Annahme des Themas durch die gutachterlich Tätigen bzw. der Zulassung durch das Prüfungsamt beginnt. Sie haben also deutlich mehr Zeit als wenige Wochen; in der Regel stehen mehrere Monate zur Verfügung.

Aber Achtung! Der sich daraus theoretisch ergebende Bearbeitungszeitraum ist nicht identisch mit Ihrem tatsächlichen Bearbeitungszeitraum. Sie müssen selbst abschätzen, wie viel Zeit Sie am Tag für die Bearbeitung Ihres Themas aufbringen können oder möchten. Dementsprechend haben Sie zu entscheiden, ob Sie ein Thema innerhalb der vorgegebenen Bearbeitungszeit bearbeiten können oder nicht.

Sie müssen zusätzlich, und hier haben Sie bereits eigene Erfahrungen, abschätzen, inwieweit Sie leistungsfähig und -willig sind, neben bspw. dem Praktikum, bei polizeilichen Anwärterinnen und Anwärtern teilweise sogar im Schichtdienst noch wissenschaftlich zu arbeiten. Je komplexer das Thema, je schwieriger der Feldzugang, je spezieller die Literatur umso mehr Aufwand müssen Sie für eine erfolgreiche Bearbeitung betreiben.

Doch Sie können nun auch nicht aus taktischen Erwägungen ein Thema auswählen, was nur dem Abiturniveau entsprechen würde. Für akkreditierte Studiengänge (so auch an den [Fach]Hochschulen der Polizeien der Länder) gilt der *Dublin*

1 Die Freistellungzeit für das Schreiben der Bachelorarbeit variiert je nach Hochschule. An der FH Polizei Sachsen-Anhalt umfasst die Zeit der Freistellung bspw. sechs Wochen, in Sachsen hingegen fünf Wochen.

Descriptor, in dem für alle Bachelorabschlüsse in Europa einheitliche Standards definiert sind. Sie erhalten schließlich einen Abschluss, mit dem Sie sich überall in Europa bewerben können, entweder für einen Masterstudiengang oder eine Arbeit im privaten oder öffentlichen Sektor.

Was sollte die Bachelorarbeit zeigen?

Die Arbeit sollte regelmäßig ausweisen, dass der Kandidat oder die Kandidatin, unterstützt durch wissenschaftliche (Lehr-)Bücher, zumindest in einigen Aspekten an neueste Erkenntnisse in seinem oder ihrem Studienfach anzuknüpfen vermag. Das bedeutet,

(1) dass Sie Ihr Wissen in einer Weise anwenden können, die von einem professionellen Zugang zu Ihrer Arbeit oder Ihrem Beruf zeugt, und

(2) dass Sie über die Kompetenzen verfügen, die üblicherweise durch das Formulieren und Untermauern von Argumenten und das Lösen von Problemen in ihrem Studienfach demonstriert werden;

(3) dass Sie die Fähigkeit besitzen, relevante Daten (üblicherweise innerhalb Ihres Studienfachs) zu sammeln und zu interpretieren, um Einschätzungen zu stützen, die relevante soziale, wissenschaftliche oder ethische Belange mitberücksichtigen;

(4) dass Sie Informationen, Ideen, Probleme und Lösungen sowohl an Expertinnen und Experte als auch an nicht fachkundigen Personen vermitteln können und

(5) eine Lernstrategien entwickelt haben, die Sie benötigen, um Ihre Studien mit einem Höchstmaß an Autonomie fortzusetzen.

(Initiative Joint Quality, 2004, S. 3 f. [Eigene Übersetzung aus dem Englischen.])

Grundsätzlich wird erwartet, dass Sie sich selbst ein Thema suchen. Dies ist bereits Ausweis Ihrer wissenschaftlichen Selbständigkeit. Zudem müssen Sie sich, wenn Sie eine Bachelorarbeit schreiben wollen, immer eine betreuende Person suchen. Die Themenvergabe durch die betreuende Person ist denkbar, aber nicht zu empfehlen. Und auch die Zuweisung von Thema und Betreuung durch das Prüfungsamt ist zu vermeiden.[2] Wenn beide ausschließlich vom Prüfungsamt bestimmt werden, besteht das Risiko, dass weder Studierende noch Betreuende über die notwendige Fachkenntnis für das vergebene Thema verfügen.

Wenn Sie sich eine Betreuungsperson wählen, beachten Sie aber Folgendes: Thematisch sind Sie auf die Gebiete beschränkt, in denen Ihre Betreuungsperson fachkundig ist. Doch auch dieses Wissen hat Grenzen. Natürlich können Sie erwarten, dass ein Jurist Sie bei juristischen Themen betreuen und unterstützen kann. Aber manche juristischen Themen sind so speziell, dass Sie auch außerhalb des Fachwissens Ihres juristisch ausgebildeten Betreuers liegen. Um festzustellen, ob das der Fall ist und inwiefern Sie von jemand betreut werden können, ist die Abfassung eines Exposés üblich. Hierauf kommen wir später noch zu sprechen.

Haben Sie sich zeitlich und fachgebietlich festgelegt? Dann ist jetzt die Zeit, um zu überlegen, wie Sie an eine gute Idee kommen. Hierfür gibt es verschieden Methoden, die Sie nutzen können.

2 Soweit eine Zuweisung von Gutachtenden und/oder Thema durch die Prüfungsordnung vorgegeben ist, kann dieser Empfehlung nur bedingt durch strategische bzw. taktische Vorarbeiten beeinflusst werden (bspw. durch die Wahl von Seminaren, das Ablegen von vorgeschalteten Prüfungen, die Wahl eines Schwerpunktbereiches).

2. Nutzen, was man bereits hat

Vielleicht hat in einer Vorlesung, in einem Seminar oder Praktikum etwas Ihr Interesse geweckt. In diesem Fall sollten Sie Ihre Vorlesungs- oder Praktikumsmaterialien einmal in Ruhe danach durchsehen. Notieren Sie sich bestimmte Begriffe oder Sachverhalte, die Ihnen wichtig erscheinen.

Diese Begriffe oder Sachverhalte können Sie nun mit Hilfe der Kreativtechnik des Brainstormings nutzen, um gezielt Ideen zu produzieren. Brainstorming ist dazu gedacht, in kurzer Zeit sehr viele Ideen hervorzubringen. Was nicht bedeutet, dass diese Ideen gut sein müssen oder umsetzbar sind. Vielmehr soll dadurch erst einmal eine Grundlage erarbeitet werden, mit der Sie weiterarbeiten können.

Beim Brainstorming nehmen Sie sich eines Ihrer notierten Wörter oder einen Sachverhalt und schreiben in 15 bis 20 Minuten alles auf, was Ihnen dazu durch den Kopf geht. Das müssen nicht nur Gedanken, sondern können auch Emotionen sein. Wenn Ihnen schon nach 5 Minuten nichts mehr einfällt, dann ist das vollkommen in Ordnung. Nicht immer fällt einem viel ein. Danach machen Sie eine kurze Pause und schauen sich dann an, was Sie aufgeschrieben haben. Meinen Sie, dass die spontan gefundenen Wörter in einer sinnvollen Beziehung zu dem Wort stehen, das Sie zu Beginn interessiert hat? Wenn ja, dann gibt Ihnen das einen ersten Hinweis darauf, wofür Sie sich eingehender interessieren könnten – wenn nicht, dann wiederholen sie den Vorgang.

Brainstorming können Sie auch (sehr gut) zusammen mit anderen, bspw. mit Mitstudierenden, vornehmen. Danach nehmen Sie die Wörter, zu denen Sie von vornherein eine Verbindung herstellen können. Was Ihnen gänzlich fremd ist, z. B. Ideen anderer, lassen Sie außen vor.

Hier ein Beispiel: Die Studentin Anne interessiert sich für das Fach Kriminologie, insbesondere für den Bereich der Gewaltkriminalität. Dies ist aber viel zu weit gefasst für eine (Bachelor-)Arbeit. Sie beginnt nun alle Aspekte aufzuschreiben, die ihr hierzu einfallen, um den Themenbereich einzugrenzen.

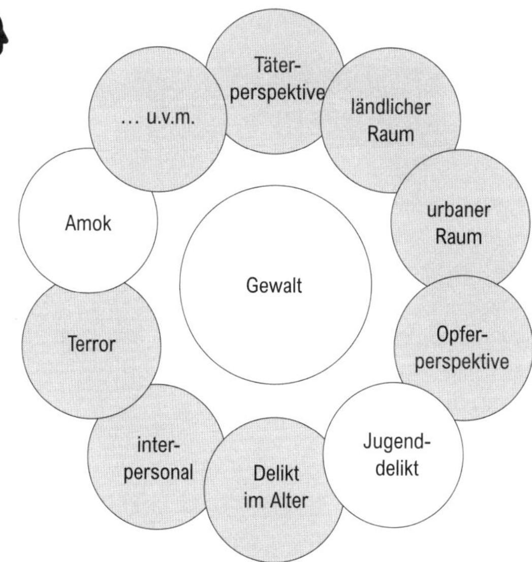

Anne kennzeichnet diejenigen Felder, die sie gern weiterverfolgen würde (hier hell dargestellt). Die Themensuche geht für sie auf dieser Basis weiter.

Nachdem sie drei Felder herausgestellt hat, hat sie eine weitere Idee zur Konkretisierung:

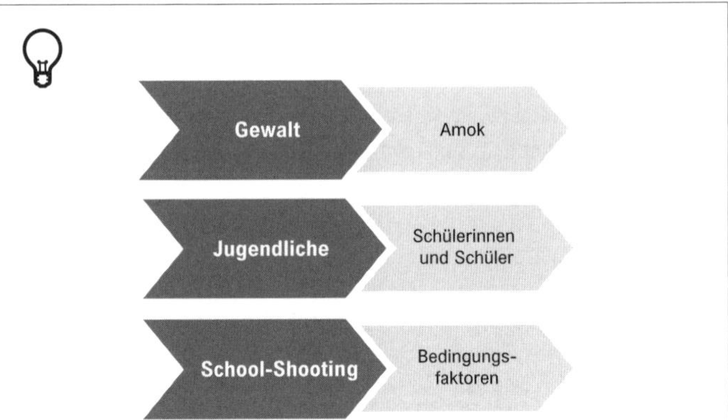

Eine Forschungsfrage ist dies jedoch noch immer nicht. Ein geeigneter Anknüpfungspunkt wären bspw. die Bedingungsfaktoren: Haben schulische oder familiäre Faktoren Einfluss auf die Umsetzung von School-Shootings? Diese Frage wäre ein Anfang. Mit ihr kann sich die Studentin nun kritisch auseinandersetzen. Jetzt kann Anne mit dem Lesen beginnen, um sich einen Überblick über den Forschungsstand zu verschaffen.

Falls Ihnen jetzt schon eine Forschungsfrage einfallen sollte, die die Bearbeitung des Themas konkretisiert, dann sollten Sie kritisch hinterfragen, ob Sie die Frage tatsächlich bearbeiten können. Das heißt, ob sie zeitlich zu bearbeiten ist und Ihren eigenen Ansprüchen bzw. denen Ihrer potenziellen betreuenden Person an eine wissenschaftliche Forschungsfrage gerecht wird.

Sollte Ihnen nach der Bearbeitung aller ihrer notierten Wörter oder Sachverhalte keine Forschungsfrage eingefallen sein, kein Problem! Normalerweise liegt das daran, dass man nur sehr oberflächliches Wissen von den Begriffen hat, die hinter den Wörtern stehen. In diesem Fall lohnt es sich, wenn man sich näher über die Begriffe informiert.

2.1. Die Suche nach Informationen – der leichte, aber ungenaue Weg

Die von Ihnen gefundenen Stichworte geben Ihnen einen guten Einblick, was Sie thematisch interessieren könnte. Um ein genaues Thema zu bestimmen und daraus im späteren Verlauf eine geeignete Forschungsfrage abzuleiten, müssen Sie sich genauer über die Begriffe informieren.

In Zeiten moderner Informationstechnik bietet sich für einen ersten Überblick die Suche im Internet an. Auf einschlägigen Informationsplattformen wie Krimpedia & Co. können Sie sich genauer über die begrifflichen Zusammenhänge informieren. Sicherlich werden Sie dadurch auf Aspekte aufmerksam, die Ihnen vorher nicht geläufig waren. Meist sind es diese Aspekte, die besonders interessant sind und die thematisch neue Fragen aufwerfen. Wenn sich Ihnen Fragen stellen, dann schreiben Sie sie auf. Möglicherweise ist eine unter ihnen, die Sie wissenschaftlich bearbeiten wollen.

Krimpedia, Krimlex, JSTOR, Google-Scholar und vergleichbare frei zugängliche Internetangebote, die von einer interessierten, aber nicht ausnahmslos professionellen Gemeinschaft gepflegt werden, sind durchaus als erste Informationsquellen sinnvoll. Im weiteren Quellenstudium, und dieses hat *immer* zu erfolgen, müssen Sie die Quellen jedoch kritisch bewerten: Sind die Quellen verlässlich, sind die Informationen aktuell, inwieweit sind die Informationen umfassend?

Bedenken Sie, dass es elektronische Datenbanken[3] der verschiedenen Fachdisziplinen gibt (vgl. Hinweise unter Punkt 5:

---

3 Zugriff erhalten Sie bspw. über die Bibliothekssysteme der Hochschulen. In den meisten Hochschulnetzen (Intranet) können Sie die gefundenen Titel direkt einsehen und herunterladen. An kleineren Einrichtungen ist dies nicht immer möglich. Doch finden sich zumeist Universitäten und besser ausgestattete Hochschulen in räumlicher Nähe. Die Anmeldung und die Nutzung der Ressourcen vor Ort sind in der Regel kostenfrei.

Recherchemöglichkeiten, S. 91 f.), die Hinweise auf interessante Veröffentlichungen zu Ihrem Thema vorhalten könnten. Ein erster Blick auf die Titelvorschläge, die zu Ihren themenspezifischen Stichworten erscheinen, kann bereits helfen, Ihre Idee zu konkretisieren. Zusammenfassungen (Abstracts) helfen bei der weiteren Auswahl der Titel. Doch sei darauf hingewiesen, dass je nach Fachdisziplin unterschiedliche Standards für den Inhalt dieser Zusammenfassungen gelten. Die Lektüre des Abstracts kann deshalb die Lektüre der gesamten Veröffentlichung nicht ersetzen. Des Weiteren erhalten Sie Einblick in die Ideen anderer, in die Komplexität des Themas, und Sie können bereits erfassen, wie aufwendig die Erarbeitung des Forschungsstandes werden könnte. Doch dazu später mehr.

Um Ihrer Suche eine Struktur zu geben, durch die Sie nachvollziehen können, wie welche Begriffe miteinander zusammenhängen, können Sie die Visualisierungsmethode der Mind-Map nutzen. Schreiben Sie eines Ihrer Wörter auf und während Sie sich über weitere thematische Aspekte kundig machen, schreiben Sie diese daneben. Dann verbinden Sie die einzelnen Wörter mit einer Linie. Die Linie symbolisiert die Verbindung, die thematisch zwischen den Wörtern besteht. Fragen, die Ihnen hinsichtlich einzelner Wörter aufgekommen sind, können Sie auf dieselbe Weise den Wörtern zuordnen. So behalten Sie einen Überblick über den Zusammenhang der einzelnen Wörter und die dazugehörigen Fragen.

Anstatt selbst zum Stift zu greifen, können Sie auch auf eines der vielen kostenlosen Mind-Map-Programme zurückgreifen, die Sie im Internet herunterladen können. Beispiele für solche Programme sind XMind 8, coggle und FreeMind. Durch sie können Mind-Maps erstellt werden, die ähnlich aussehen, wie die in Abbildung 1. Was die Grundfunktion angeht, unterscheiden sich diese Programme nicht. Nur die Darstellung kann variieren. Sie haben also die Wahl.

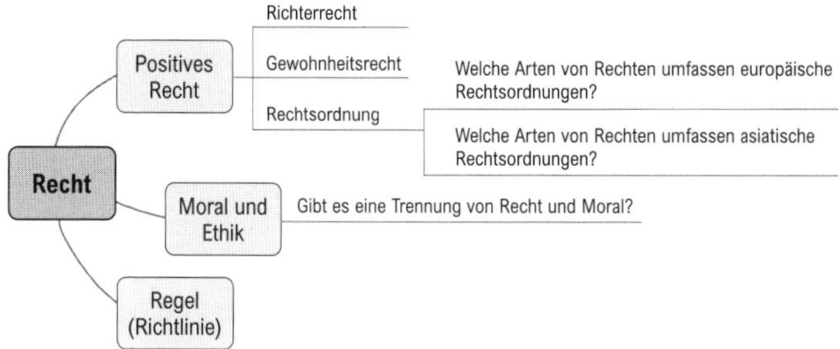

Abbildung 1: Mind-Map (eigene Darstellung)

2.2. Die Suche nach Informationen – Oldschool, aber genau

Neben dem einfachen Weg der Internetrecherche können Sie natürlich auch direkt zum Buch greifen. Vielleicht fragen Sie sich jetzt, wozu Sie das sollten. Man könne doch ohnehin alle Informationen im Internet finden. Außerdem seien viele Büchern auch noch umständlich geschrieben. Im Internet könne man hingegen alles einfach, verständlich und vor allem in aller Kürze nachlesen, was man wissen muss.

Wenn Sie das glauben, sind Sie einem Paradoxon des modernen Informationszeitalters aufgesessen. Dabei handelt es sich um eine Problematik, die mit der Art und Weise zusammenhängt, wie Informationen im Internet präsentiert werden. Für gewöhnlich vermitteln Seiten wie Wikipedia Informationen wie Zeitungsartikel in reduzierter Form. Sie finden mehrere Informationen dargestellt, ohne sehen zu können, ob sie wahr sind und wo sie herkommen. Die Kenntnis davon ist aber wichtig. Denn erst durch sie können Sie erkennen, ob eine Information tatsächlich eine Information oder einfach nur etwas Ausgedachtes ist. Handelt es sich tatsächlich eine Information, d.h., Sie können angeben, dass sie wahr ist und warum sie in einem bestimmten Kontext wahr ist, dann handelt es sich sogar um Wissen (Wiater, 2007, S. 15 f.).

Die angesprochene Problematik besteht nun darin, dass man, je mehr Informationen man aus dem Internet aufnimmt, umso weniger weiß. Für jede potenzielle Information, die Sie aufnehmen, wissen Sie mindestens zwei Umstände nicht, mithilfe derer Sie beurteilen könnten, ob es auch tatsächlich eine Information ist. Mathematisch gesprochen: Die Anzahl an Informationen, die Sie nicht wissen, ist immer mindestens doppelt so hoch wie die Anzahl an potenziellen Informationen, die Sie erhalten. Bei Fachbüchern, die sich thematisch mit bestimmten Aspekten auseinandersetzen, tritt dieses Paradoxon dagegen nicht auf. Die Informationen, die Sie hier finden, werden für gewöhnlich nachvollziehbar hergeleitet und erklärt. Fachbücher vermitteln schließlich Wissen.

Lassen Sie sich daher nicht von der Seitenzahl der Fachbücher oder den zuweilen langen Texten abschrecken, wenn Sie darin nach Informationen zu den Wörtern suchen, die Sie sich notiert haben. Oftmals hat das seine Berechtigung. Lassen Sie sich ruhig darauf ein und nehmen Sie sich die Zeit dafür. Es lohnt sich. Denn viele Texte vermitteln neben dem Wissen auch Ausblicke zu weiteren Aspekten, die man in einem wissenschaftlichen Kontext beforschen könnte.

Die Suche nach Fachbüchern, Fachzeitschriften und Materialsammlungen fällt nicht wenigen Studierenden schwer. Dabei kann auch hier das vertraute Internet Hilfe leisten. Die meisten Bibliothekskataloge auf der Welt sind bereits online einsehbar. Erreichen kann man sie auf verschiedenen Wegen. Die norddeutschen Bibliotheken bspw. sind verbunden über das Web-Portal der Verbundzentrale des Gemeinsamen Bibliotheksverbundes, kurz GVB. Zu erreichen ist das Portal über www.gbv.de.[4]

---

4 Einen Überblick über die deutschen Bibliotheksverbünde finden Sie auf https://bibliotheksportal.de → Informationen → Bibliothekslandschaft → Bibliotheksverbünde (Stand 19.04.2021).

Die gesamte deutschsprachige Literatur finden Sie über die Deutsche Nationalbibliothek: www.dnb.de. Ebenso bieten die Universitätsbibliotheken zahlreiche Möglichkeiten der Recherche wie auch des Zugriffs auf nationale wie internationale Fachpublikationen. (Näheres hierzu unter IV.5: Recherchemöglichkeiten, S. 91 ff.)

Damit wären Sie auch an einem Punkt angekommen, wo Sie auf erste Materialien, Theorien oder empirische Studien zur inhaltlichen Auseinandersetzung mit Ihrer zu diesem Zeitpunkt potenziellen Forschungsfrage stoßen. Damit Sie nicht später, sollte dies die endgültige Frage Ihrer Arbeit sein, erneut zu recherchieren beginnen müssen, sammeln, ordnen und archivieren Sie die Quellen und Texte am besten bereits jetzt. Hierfür gibt es sehr gute auch frei, d. h. kostenlos, verfügbare Literaturdatenbanken. Zwei, die im Wissenschaftskontext aktuell weit verbreitet sind, sind bspw. Citavi[5] und Zotero[6].

3. Die Methode folgt der Frage!

Sind Forschungsfrage und -ziel bestimmt, stellt sich die Frage, welche Mittel Sie zur Bearbeitung benötigen, welche Forschungsmethoden ggf. zum Einsatz kommen müssen, um die Frage adäquat zu beantworten. *Wichtig dabei ist, dass die Methode immer den Erfordernissen der Frage folgt, nicht umgekehrt*. Setzen Sie sich kritisch damit auseinander, was tatsächlich notwendig ist, was dem wissenschaftlichen Standard entspricht und was sinnvoll innerhalb der Bearbeitungszeit geleistet werden kann. Denken Sie auch daran, dass Sie eine Bachelorarbeit oder Masterarbeit schreiben. Der Bachelor ist der erste akademische Grad und berufsqualifizierende Abschluss eines mehrstufigen Studi-

5 Download unter www.citavi.com/de/download (Stand 04.07.2021).
6 Download unter www.zotero.org (Stand 04.07.2021).

enmodells. Insoweit sollten Sie sich nicht am Niveau eines Masterabschlusses oder einer Dissertation ausrichten. Studierende eines Masterstudiengangs richten sich entsprechend auch nicht an einer Dissertation aus. In der Regel können Sie dies nicht leisten, da das Wissen und die Fähigkeiten hierzu noch nicht vermittelt und erworben wurden.

Nicht selten vertreten Studierende die Auffassung, dass sie zwingend eine eigene Datenerhebung realisieren müssen. Dies ist mitnichten so. Es besteht nicht einmal der Zwang, überhaupt empirische Daten oder auch Sekundärdaten einzubeziehen. Eine systematische Literaturanalyse ist ausreichend – und hinreichend anspruchsvoll –, wenn sie geeignet ist, die Forschungsfrage zu beantworten. Bringen Sie sich den *Dublin Descriptor* in Erinnerung (Initiative Joint Quality, 2004, S. 4 f.): Wissenschaftliche Lehrbücher sollen die Grundlage der Bachelorarbeit sein; nicht zwingend mehr, aber auch nicht weniger.

Die methodische Ausbildung an den (Fach-)Hochschulen ist verkürzt und regelmäßig auf die sozialwissenschaftliche Forschung ausgerichtet; eine vergleichbare Situation findet sich mittlerweile auch an manchen Universitäten. Auch wenn sich andere Disziplinen wie bspw. die Kriminologie, die Politikwissenschaften, die Pädagogik oder die Sanktionsforschung sozialwissenschaftlicher Methoden und Analysen bedienen, so entwickelten sich eigene, darüber hinausgehende Vorgehensweisen und Qualitätsstandards. Diese werden nur selten vermittelt. In anderen Bereichen wie bspw. den Rechtswissenschaften und der Philosophie kommen gänzlich andere Erhebungs- und Analysemethoden zum Einsatz. Sie sollten sich sehr zeitig darüber Klarheit verschaffen, was Sie zu leisten im Stande sind. Beherrschen Sie sicher die Methode(n), die zur Beantwortung Ihrer Forschungsfrage notwendig ist (bzw. sind)?

Ein Beispiel: Die Studentin Anne hat sich entschieden. Ihre Forschungsfrage lautet: *Haben schulische Faktoren auf die Realisierung von School-Shootings Einfluss?*

Sie hat bereits einige Studien zum Thema gelesen. Häufig wurde auf familiäre Faktoren abgestellt und auf solche, die die Persönlichkeit tätig gewordener Personen betreffen. Schulische Faktoren fanden sich aber ebenso. Es wird häufig ein Zusammenhang zwischen *Bullying* bzw. *Mobbing* und *School-Shootings* konstatiert.

Wie könnte sie vorgehen? Zuerst fallen ihr die so genannten quantitativen und qualitativen Methoden aus dem sozialwissenschaftlichen Modul ein. Sollte sie nun allen (überlebenden) tätig gewordenen Personen in der Welt oder zumindest in Deutschland einen Fragebogen schicken? Wie erreicht man diese ggf.? Sollte sie die Schulen anschreiben? Wäre es besser, sich auf wenige tätig gewordene Personen oder wenige Schulen zu konzentrieren?

Könnte sie denn einen Fragebogen konzipieren? Kann sie die gewonnenen Daten auswerten? Qualitativ vielleicht, quantitativ ist es für sie schwieriger. Sie muss sich eingestehen, dass es nicht genügt, darüber zu lesen, man muss es ausprobieren. Doch den Raum gab es im Studium nicht in ausreichendem Maß.

Weiter ist zu bedenken, dass es bereits viele sehr gute Untersuchungen zum Thema gibt. Es liegen auf internationaler Ebene quantitative und qualitative Befragungen vor, ebenso Aktenanalysen. Diese haben ein gutes bis sehr gutes fachliches Niveau. Dies würde Anne kaum erreichen.

Sie kommt über eine systematische Auswertung der vorhandenen Literatur am besten zu einer Beantwortung ihrer Forschungsfrage. Dieses Vorgehen erlaubt ihr unter Rückgriff auf wissenschaftliche Studien in unterschiedlichen Ländern zu erläutern ob, inwieweit und welche schulischen Faktoren genau Einfluss auf die Durchführung von School-Shootings haben. Aufgrund ihrer soliden Auswertung wird es möglich sein, Empfehlungen für wirksame präventive Maßnahmen zu entwickeln.

Bedenkt man den Einsatz bestimmter Mittel und Methoden, muss man auch den organisatorischen Aufwand, Genehmigungserfordernisse, Belange des Datenschutzes und technische Voraussetzungen berücksichtigen. Es kann sein, dass Sie feststellen, dass die Methode sehr aufwändig ist und sehr viel Zeit benötigt. Manche Methoden bergen auch ein hohes Risiko des Scheiterns, bspw. Befragungen in einem hochsensiblen Feld. Sie sollten nun prüfen, ob es eine andere Methode der Erforschung Ihrer Frage gibt oder ob eine Überarbeitung der Fragestellung nötig ist. Meistens müssen Sie Ihre Frage, geschweige denn Ihren Themenbereich, nicht verlassen, sondern die konkrete Frage und das Forschungsziel etwas anders ausrichten.

Anregungen zur Ausrichtung bzw. Konkretisierung der Frage und einer adäquaten Methode finden Sie wiederum in der Fachliteratur, in Studienbüchern und teilweise in Lehrbüchern. Klammern Sie nicht-deutsche Studienliteratur nicht aus; diese ist bspw. auf dem Gebiet der Kriminologie und der kriminologischen Forschungsmethoden umfangreicher und zuweilen auch deutlich besser zu verstehen und nachzuvollziehen als die deutsche.

4. Das Exposé

Wenn Sie sich für eine Forschungsfrage entschieden und die passende(n) Methode(n) gefunden haben, könnten Sie mit der wissenschaftlichen Bearbeitung Ihrer Forschungsfrage beginnen. Doch hier gilt es noch einen Schritt dazwischenzuschalten: das Schreiben des Exposés.

Zuweilen erscheint dies als eine lästige Formalie, die dazu dient, das mit der betreuenden Person Besprochene noch einmal für das Prüfungsamt niederzuschreiben. Doch darin erschöpft sich die Funktion des Exposés nicht.

Einerseits ist es für Sie wie für die gutachterlich Tätigen ein wichtiges Dokument über die Inhalte, die sie besprochen und über die sie in Idealfall eine Einigung erreicht haben. Zuweilen meinen zwei an einem Gespräch Teilnehmende nur, sie würden sich über dasselbe verständigen, aber tatsächlich liegt ein Dissens vor. Ein Exposé hilft zumindest dem entgegenzuwirken, auch wenn ein Dissens nie ganz ausgeschlossen werden kann.

Ein weiterer Grund für diese Vorgehensweise ist pragmatischer Natur. Wenn Sie noch keine betreuende Person haben, müssen Sie eine finden und das heißt zuvörderst, diese von Ihrem Forschungsvorhaben überzeugen. Des Weiteren muss diese abschätzen können, ob eine Betreuung überhaupt möglich ist. Das geht am besten, wenn sich die potenziell betreuende Person anhand des Exposés einen inhaltlichen und methodischen Überblick über Ihr Vorhaben verschaffen kann.

Anderseits sind Sie durch das Exposé erstmals angehalten, Ihre Gedanken, Forschungsfrage, theoretischen und/oder methodischen Ansätze schriftlich festzuhalten, für andere nachvollziehbar vorzustellen und diese somit kritisch zu reflektieren. Geht Ihnen dies schwer von der Hand, ist es entweder ein Indikator dafür, dass Sie fachlich nicht sicher sind, oder, dass die von Ihnen angedachte Struktur noch nicht stimmig ist.

Ein Exposé ist eine gute Gelegenheit, die Startbedingungen für die Bachelorarbeit zu optimieren. Das hat drei Gründe: Indem Sie die Fragen beantworten und Ihre Erkenntnisse dazu aufzeichnen, wird für Sie abschätzbar, in welchen Bereichen sich weitere Nachforschungen lohnen könnten oder schlicht notwendig sind, da Sie noch Lücken haben. Haben andere zu ähnlichen oder demselben Thema geforscht, ist aus ihren Forschungsarbeiten ersichtlich, welche Erkenntnisse bereits bestehen, welche Sackgassen es gibt und was noch nicht beforscht wurde. Die Aufarbeitung des Forschungsstandes ist zur Vorbereitung Ihrer Arbeit essenziell. Wenn Sie das Exposé erstellen, sollte hierauf ein Schwerpunkt liegen. Meist reicht eine halbe Seite nicht aus, um diesen umfassend aufzuarbeiten.

Des Weiteren erfordert das Exposé eine genaue Planung des Ablaufs und der organisatorischen Aspekte einer Bachelorarbeit. Nun wird deutlich, wie viel Zeit Sie benötigen sowie ob und ggf. welche Unterstützung Sie nachfragen sollten. In der Regel ist eine Bachelorarbeit in mehreren Wochen zu schreiben, wenn *zuvor* die Literatur gesichtet und beschafft wurde, wenn technische Voraussetzungen für Labortests abgesichert wurden und die Feldzugänge bei empirischen Arbeiten zumindest gesichert wurden.

Es empfiehlt sich jedoch regelmäßig, die Erhebungen abgeschlossen zu haben, wenn die Zeit der Freistellung naht. Für Studierende an Polizeihochschulen gibt es in der Regel für Interviews im Praktikum Freistellungen. Freistellungen für andere Arbeiten wie bspw. Literaturrecherchen können aber ebenfalls erfolgen. Dies liegt im Ermessen der praktikumsbetreuenden Personen. Wer gut organisiert und informiert in diese Arbeitsphase geht und sachlich begründen kann, warum diese Arbeiten zu erfolgen haben, hat bessere Chancen auf Genehmigung. Grundlage dafür ist ein gutes Exposé!

Wenn Sie mit der Vorbereitung der Erhebungen im weiteren Sinne erst mit Beginn der vorgegebenen Bearbeitungsfrist beginnen, besteht ein hohes Risiko, dass Sie das Gesamtvorhaben nicht realisieren können. Insbesondere können Sie auf unvorhergesehene Hindernisse oder Herausforderungen nicht mehr adäquat reagieren.

Doch nun stellt sich die Frage: Wie bringen Sie dies alles zu Papier? Hierbei gibt es sowohl Formales als auch Inhaltliches zu beachten.

4.1. Die Formalitäten

Beginnen wir mit dem, was an formalen Angaben bei Hausarbeiten zumeist vergessen wird. Das vergessen Sie bitte nicht und überprüfen es vor der Abgabe ihrer Arbeit sorgfältig. Wichtige Hinweise hierzu erhalten Sie ggf. auch von den gutachterlich Tätigen oder vom Prüfungsamt.

Für eine Abschlussarbeit sollten Sie das Exposé mit einem Seitenumfang von 5 bis 15 Seiten einplanen. Beginnen Sie mit einer kurzen Erörterung Ihres Forschungsthemas, indem Sie kurz darlegen, was das Interessante an Ihrem Thema ist und warum man es bearbeiten sollte. Hierbei sollten Sie darauf achten, dass Sie Ihre potenziell betreuende Person schon von Beginn an argumentativ davon überzeugen, dass Ihre Arbeit es wert ist, betreut zu werden.

Ihrem Exposé muss ein Deckblatt mit Ihrem Namen, dem Studiengang und dem Thema Ihrer Arbeit vorangestellt sein. Andernfalls können Ihre gutachterlich tätige Person und das Prüfungsamt Ihre Arbeit Ihnen nicht zuordnen. Weiterhin ist ein Inhaltsverzeichnis zu erstellen. Man findet sich dadurch schnell in Ihrer Arbeit zurecht und gewinnt einen guten Überblick. Hier zeigt sich übrigens auch auf einem Blick, wie Ihr Text thematisch aufeinander aufbaut.

Wissenschaftliche Arbeiten nutzen immer die Informationen der Arbeiten anderer. Welche Arbeiten Sie genutzt haben, müssen Sie in einem Literaturverzeichnis aufführen. Dort findet sich die von Ihnen verwendete Literatur. Ergänzend zu den zwingend zu nennenden Primär- und Sekundärtexten ist hier noch die Graue Literatur zu verzeichnen. Graue Literatur umfasst Werke, die nicht offiziell veröffentlicht wurden, also auch nicht im Buchhandel zu finden sind. Zur Grauen Literatur zählen z. B. firmeninterne Berichte oder wissenschaftliche Arbeiten, die von Verlagen nicht zur (kommerziellen) Veröffentlichung angenommen wurden.

Je nachdem, an welchem Institut und in welcher wissenschaftlichen Disziplin Sie Ihre Arbeit schreiben, müssen Sie zudem Vorgaben für die schriftliche Gestaltung Ihres Textes einhalten. Das betrifft vor allem die Schriftart, Schriftgröße, den Rand und die Zitationsform. Oftmals verwendet man die Schriftgröße 12 mit der Schriftart Times New Roman und einen Zeilenabstand von 1,5. Die Einhaltung dieser Vorgaben macht Ihren Text gut lesbar bzw. lockert ihn optisch etwas auf.

Die korrekte Zitation ist eine weitere Herausforderung, da in verschiedenen Wissenschaftsdisziplinen unterschiedliche Zitationsformen verwendet werden. Grundsätzlich sollten Sie danach fragen, welche Ihr Gutachter bzw. Ihre Gutachterin bevorzugt. Sie können beispielsweise das folgende Format verwenden: „*Nachname, Vorname: Titel, Ort: Verlag (Jahr), S. #.*" Hierbei sind vollständige Angaben wichtig. Damit ist nachvollziehbar, ob sich Aussagen oder Darstellungen in Ihrem Text mit denen aus der Literatur decken oder nicht.

Und wie soll man ein Zitat im Text darstellen? Hierfür gibt es verschiedene Methoden, die nicht unabhängig von der Zitationsform sind. In deutschsprachigen Texten verwendet man oftmals das deutsche Fußnoten-System, bei dem sich die Literaturangabe in der Fußnote befindet. In internationalen Texten wird eher nach der Harvard-Methode zitiert. Beides hat Vor- und Nachteile.

Fußnoten können z.B. für den Lesefluss als störend wahrgenommen werden. Das ist dann der Fall, wenn sich sehr viele Zusatzinformationen in ihnen befinden. Man muss dann zwischen dem eigentlichen Text und dem Fußnotentext springen. Im schlimmsten Fall führt das dazu, dass man durch den Fußnotentext den Anschluss an den eigentlichen Text verliert. Das Resultat wäre dann, dass man erneut von vorne anfangen muss zu lesen.

Ähnlich Störendes kann man auch bei Zitaten nach der Harvard Methode finden. Bei dieser gibt man Belegstellen im Fließtext sehr verkürzt innerhalb einer Klammer an. Wenn z. B. mehrere Belegstellen angegeben werden müssen, kann das mehrere Zeilen umfassen. Dann zerreißt es den Text förmlich, weil nicht mehr leicht erkennbar ist, wo ein Satz endet und ein neuer anfängt.

Gleichgültig nach welcher Methode Sie zitieren, auch *in der Wissenschaft gilt, dass weniger manchmal mehr ist*. Beschränken Sie sich daher auf solche Angaben, die für die Bearbeitung ihrer Fragstellung nötig sind. Dazu gehört oftmals nicht jede Ihrer Lesefrüchte. Qualität geht hierbei vor Quantität.

Schließlich gibt es, was das Zitieren angeht, noch eine Herausforderung. Unabhängig davon, was für eine Zitationsform Ihre gutachterlich tätige Person bevorzugt oder welche Zitiermethode Sie verwenden, gibt es für Standardausgaben besondere Zitationsvorgaben. Standardausgaben sind Werke einzelner Autorinnen bzw. Autoren oder Nachschlagewerke, die einen Text beinhalten, der nach bestimmten anerkannten Methoden vereinheitlicht wurde. Beispiele hierfür sind unter anderem Gesetzestexte sowie philosophische und medizinische Werke. Die besonderen Vorgaben gewährleisten ein schnelles Auffinden von Informationen. Indem Sie diese beachten, zeigen Sie, dass Sie mit den wissenschaftlichen Standards im Umgang mit solchen Werken vertraut sind. Anders gesagt, wenn Sie diese nicht einhalten, gibt es Ihrer Leserschaft einen Grund, daran zu zweifeln, ob Sie sich ernsthaft mit einem Text auseinandergesetzt haben.

4.2. Inhaltliche Aspekte

Was Sie sich immer vergegenwärtigen müssen, ist, dass Ihr Exposé Ihre Visitenkarte für Ihre Gutachterin bzw. Ihren Gutachter wie für die Prüfungskommission ist; noch mehr gilt dies später für Ihre Bachelorarbeit. Dementsprechend sollten Sie sowohl sorgfältig arbeiten als auch auf Ihre Formulierungen und Wortwahl achten. Für gewöhnlich richtet sich Ihr Text an wissenschaftliches Publikum. Und auch dies legt Wert auf die Beachtung der deutschen Grammatik. Denn erst durch die Einhaltung der allgemeingültigen Regeln kann Ihr Text beim Lesen auch verstanden werden.

Verwenden Sie nach Möglichkeit Ihre eigenen Worte. Zum einen soll Ihre Leistung bewertet werden und nicht die anderer Schreibender. Zum anderen macht es Ihre Arbeit authentischer. Dieses Vorgehen bietet die Gewähr, dass Sie nichts schreiben, was Sie selbst nicht verstanden haben. Nur, wenn es auf das wörtliche Zitat zwingend ankommt, fügen Sie es unter *vollständiger* Angabe der Quelle ein. Geben Sie keine oder eine unvollständige Quellenangabe, setzen Sie sich dem Vorwurf des Plagiats aus. Arbeiten Sie daher sehr sorgfältig und prüfen Sie immer kritisch, ob Ihr Satz auch tatsächlich eine notwendige Information enthält. Vermeiden Sie Füllphrasen und wissenschaftlich nicht begründete persönliche Wertungen. Schreiben Sie nicht aus der Ich-Perspektive.

Das heißt aber nicht, dass bei mehreren Argumentationsmöglichkeiten nicht eine Ihrer Meinung nach vorzuziehen sein kann. Doch sollten Sie Ihre Entscheidung wissenschaftlich, also objektiv nachvollziehbar begründen.

Ein Beispiel: Der Student Gustav bearbeitet eine Forschungsfrage zu möglichen Wirkungen der Polizeiuniform auf die sie tragende Person und die soziale Umwelt. Dabei stößt er auf die Aussage eines Polizeischülers, die im Rahmen eines Interviews im Forschungsprojekt „Untersuchung zur Berufsethik in der Polizei" festgehalten wurde. Diese gibt er zunächst sehr emotional wie folgt wieder:

So äußerte unglaublicherweise ein Polizeischüler, der aufgrund dieser Äußerung der Polizeiuniform keinesfalls würdig sein kann, dass er seinem Ethiklehrer nicht mit

Respekt begegnen kann, und zwar nur, weil dieser keine Uniform anhat (Fiesel et al., 2015, S. 269). Nach außen hin wirkt der Polizeischüler in Uniform daher sicherlich arrogant und hochnäsig. Wenn das Tragen einer Uniform solche Wirkungen hat, dann ist sie in meinen Augen nutzlos, weil Polizisten dadurch gegenüber den Bürgern hochnäsig wirken.

Nachdem Gustav noch mehr zum Thema gelesen hat und seine Niederschriften überarbeitet, merkt er, dass seine Darstellung stark von seiner persönlichen Meinung geprägt ist. Diese hat er unbegründet und für andere nicht nachvollziehbar dargestellt. Sie ist also nicht wissenschaftlich. Mit erweitertem Wissen ergänzt und überarbeitet er nun seine Niederschrift wie folgt:

Im Rahmen eines Interviews äußerte ein Polizeischüler, dass er seinem Ethiklehrer nicht mit Respekt entgegentreten kann, weil dieser keine Uniform trägt (Fiesel et al., 2015, S. 269). Diese Aussage lässt vermuten, dass der Polizeischüler anderen, die keine Uniform tragen, respektlos gegenübertritt. Ob das Tragen der Uniform allgemeinhin respektloses Verhalten gegenüber Nicht-Uniformträgern fördert, kann aufgrund des Interviews nicht gesagt werden. Denn dieses stellt nur einen Einzelfall dar.

Hinsichtlich der Außenwirkung der Uniform kann jedoch gesagt werden, dass sie unabhängig von solchen einzelfallspezifischen Verhaltensweisen als positiv anzusehen ist. Denn, wie Schmidt mit mehreren Nachweisen angibt: „Lob begegnete ihr […] dahingehend, dass sie Widerstände gegen die Polizei hemme und sie darüber hinaus in der Öffentlichkeit aufwerte“ (Schmidt, 2017, S. 97). Allerdings lässt sich dagegen einwenden, dass das Verhalten der Polizeibeamten die Außenwirkung der Uniform mitprägt. Wie Bake darstellt, erlangen Uniformen in der Öffentlichkeit ihre Bedeutung durch die Handlungen ihrer Träger (Bake, 2018, S. 269). Die positiven Außenwirkungen von Polizeiunifor-

men direkt auf die Polizeiuniformen selbst zurückzuführen, ohne das Verhalten der Polizeibeamten zu berücksichtigen, scheint insofern nicht haltbar.

In wissenschaftlichen Kontexten muss Ihre Darstellung für andere nachvollziehbar sein. Ihre Texte müssen daher argumentativ gestaltet sein. Das heißt, Sie müssen verschiedene Argumente gegeneinander abwägen und herausstellen, welche Probleme mit verschiedenen Forschungsergebnissen, Meinungen etc. bestehen können. Im Idealfall erarbeiten Sie durch die Abwägung der Argumente eine eigene Position, die frei von den Problemen ist, die andere Positionen mit sich bringen.

Welche Bestandteile gehören also in ein Exposé?

Zunächst erläutern Sie die Problemstellung (1). Was haben Sie im Wissenschafts- oder Praxiskontext identifiziert? Dies kann bspw. ein Sicherheitsszenario aus der Praxis sein: Die Entschärfung einer Bombe aus dem Zweiten Weltkrieg in der Innenstadt von Berlin, in der Nähe des Hauptbahnhofs ist vorzunehmen. Es stellt sich die Frage, welche Aufgaben die Polizei wahrzunehmen hat und wie diese effizient zu koordinieren sind.

Sodann stellen Sie den Forschungsstand (2) vor, den Sie bisher er- und bearbeitet haben, und lenken auf die konkrete, Sie interessierende Forschungsfrage zu, die Sie auch realistisch in einer Bachelor- oder Masterarbeit bearbeiten können. Um bei unserem Beispiel zu bleiben, konzentrieren Sie sich auf den Aspekt der internen Kommunikation. Sie klammern andere Bereich wie bspw. die Kommunikation und Kooperation zwischen Feuerwehr und Polizei bewusst und begründet aus. Letztlich sagen Sie, was das Ziel der Bearbeitung dieser konkreten Frage ist und damit das Ziel Ihrer Bachelorarbeit. Wollen Sie Handlungsempfehlungen geben? Sollen technische Voraussetzungen definiert werden?

Nun müssen Sie überlegen, welche Hilfsmittel Sie nutzen können und müssen, um Ihr Forschungsziel adäquat zu erreichen. Erläutern Sie die Theorien (3a) und/oder Methoden (3b), die zur Anwendung kommen sollen. Falls Sie bestimmte Methoden anwenden wollen, sind diese nach den Theorien zu nennen und deren Mehrwehrt kurz zu erklären. Hierbei sollten Sie darauf achten, dass die von Ihnen gewählten Methoden auch mit Ihren Theorien vereinbar sind. Hauptsächlich sieht man dies daran, dass man mit den Methoden die Objekte, auf die sich die Theorien beziehen, auch bearbeiten kann. Das heißt, man kann durch die Anwendung der Methoden Erkenntnisse über diese Objekte gewinnen. Für gewöhnlich können Sie auf eine Vielzahl *erprobter und etablierter Methoden* zurückgreifen, weshalb man die Rechtfertigung der Verwendung einer Methode kurzhalten kann.

Inhaltlich stellt sich nun nur noch die Frage, was für Quellen oder Materialien Sie verwenden wollen oder müssen, um Ihre Forschungsfrage zu bearbeiten. Bei rein theoretischen Arbeiten beschränken sich die Angaben zumeist auf bestimmte wissenschaftliche Werke. Praktische Arbeiten benötigen mehr: Müssen Sie z. B. Messungen vornehmen, ob mit einem Gerät oder einem Fragebogen, so ist das aufzuführen. Gemeint sind mit den Materialien also nicht die grundlegenden Hilfsmittel wie ein Bleistift oder ein Blatt Papier, sondern methodenspezifische Hilfsmittel (ggf. steht dies unter Punkt (4) Ihrer Gliederung). Damit nachvollziehbar ist, welches Material wofür benötigt wird, sollten Sie kurz vermerken, in welchem Zusammenhang Sie die Materialien benötigen.

Ist das geschafft, fehlen nur noch zwei Angaben. Sicherlich haben Sie sich schon Gedanken über die möglichen Einzelschritte gemacht, wie Sie thematisch vorgehen wollen. Zeigen Sie das Ihrer potenziell betreuenden Person. Damit demonstrieren Sie, dass Sie sich nicht blindlings ins Forschungschaos stürzen. Fertigen Sie eine vorläufige Gliederung (5) Ihrer Arbeit an, die nicht endgültig sein muss. Doch gibt Sie Ihrem Forschungsvorhaben eine erste sichtbare inhaltliche Struktur und Ordnung. Achten Sie darauf, dass sie tatsächlich etwas darüber aussagt, was Sie in Ihrer konkreten Arbeit leisten wollen. Allgemeine Formulierungen wie: 1. Begriffe, 2. Methoden, 3. Fazit, genügen nicht.

Und wie sieht es mit Ihrer zeitlichen Planung aus? Ihr Forschungsvorhaben mag inhaltlich überzeugen. Doch muss es auch in einer bestimmten Zeit umsetzbar sein. Sie müssen plausibel darlegen, dass Sie dies schaffen, und auch konkret angeben, wie viel Zeit Sie für die Bearbeitung der einzelnen Forschungsschritte einplanen (6).

Auch hierbei gilt, dass Ihre Angaben präzise, übersichtlich und realistisch sein sollten. Visuell erreichen Sie dies am besten, indem Sie ein so genanntes Gantt-Diagramm erstellen, wie es Abbildung 2 zeigt. Eine Übersicht lässt sich aber auch mit Excel oder Word erstellen.

Abbildung 2: Gantt-Diagramm (eigene Darstellung)

26 Mrz '18 M D M D F S S | 02 Apr '18 M D M D F S S | 09 Apr '18 M D M D F S S | 16 Apr '18 M D M D F S S | 23 Apr '18 M D M D F S

Nr.	Vorgangsname
1	<Sondierungsphase>
2	Literaturrecherche Sozialwissenschaften
3	Literaturrecherche Psychologie
4	Methodenvertiefung
5	<Durchführungsphase>
6	Studentenbefragung (Fragebogen)
7	**Problemzentriertes Interview mit Herrn Weber**
8	Interview
9	Weber-Interview transkribieren
10	**strukturiertes Interview mit Herrn Freud**
11	Interview
12	Freud-Interview transkribieren
13	<Evaluationsphase>
14	Auswertung Fragebögen
15	Auswertung Interview Freud
16	Auswertung Interview Weber
17	Ergebnisse Literaturrecherche Sozialwissenschaften
18	Ergebnisse Literaturrecherche Psychologie
19	Ergebnisse insgesamt

Das Gantt-Diagramm gehört zu den Standard-Instrumenten des Projektmanagements. Da Ihre Arbeit ein kleines Projekt ist, können Sie es also ruhig einsetzen. Der Vorteil des Gantt-Diagramms liegt in einer vereinfachten und leicht einsehbaren Dar-

gramms liegt in einer vereinfachten und leicht einsehbaren Darstellung von zeitlichen Verläufen und möglichen Konflikten, die in der Zeitplanung bestehen können.

Mittlerweile gibt es eine Vielzahl von frei zugänglichen Programmen, mit deren Hilfe Sie ein Gantt-Diagramm erstellen können. Obiges Gantt-Diagramm wurde mit MS Project 2016 erstellt. Auf der linken Seite, bei den Vorgangsnamen, sehen Sie die einzelnen Forschungsschritte. Alles, was Fettdruck ist, sind Sammelbezeichnungen. Unter ihnen befinden sich eingerückt alle mit ihnen verbundenen Arbeitsschritte. Rechts von den Forschungsschritten sehen Sie die durch Balken dargestellten Zeitspannen, die für die Durchführung der einzelnen Schritte nötig sind.

Ein schlechtes Zeitmanagement würde sich hierbei daran zeigen, dass alle Balken nahtlos aneinandergereiht wären. Dies ist in der dem Gantt-Diagramm zugrundeliegenden Methode der Netzplantechnik begründet. Schließt jeder Balken nahtlos an den anderen an, so bedeutet das, dass Sie mit jedem Forschungsschritt punktgenau fertig sein müssen. Ihnen bleibt zwischen den Forschungsschritten keine Zeitspanne, die es Ihnen gestatten würde, sich länger damit auseinanderzusetzen oder Verzögerungen abzufangen. Treten aber Fehler oder Verzögerungen auf, dann wird sich der Endtermin Ihrer Bearbeitung unweigerlich verschieben. Denn Ihnen bleibt in Ermangelung von Puffern keine Zeit. Schätzen Sie daher die benötigte Zeit für die Bearbeitung der einzelnen Forschungsschritte realistisch ein und planen Sie zwischen den einzelnen Schritten, soweit möglich, zeitliche Puffer ein. Sie zeigen damit auch, dass Sie sich wirklich Gedanken über den zeitlichen Ablauf Ihres Forschungsvorhabens gemacht haben. Denken Sie auch daran, dass Arbeitsschritte einander überlagern, sich zeitlich überlappen können. Dies kann und soll auch ersichtlich sein.

Gliederungsbereiche des Exposés

(1) Einführung in das Thema, Problemaufriss

(2) Forschungsstand zum Thema

(3) Fragestellung der eigenen Arbeit des Verfassers / der Verfasserin

(4) Eigenes Erkenntnisinteresse

(5) Ziel der Arbeit bzw. zugrundeliegende Hypothesen

(6) Theorien, auf die Bezug genommen werden soll

(7) Methode, nach denen vorgegangen werden soll

(8) Quellen bzw. Materialien, die verwendet werden sollen

(9) vorläufige Gliederung

(10) Zeitplan bis zum Abgabetermin

5. Organisatorisches

Verlieren Sie keine Zeit. Beginnen Sie rechtzeitig mit der Themenfindung und mit der Erstellung Ihres Exposés. Bereits vor dem Schreiben des Exposés sollten Sie sich um eine Betreuerin oder einen Betreuer bemühen, mit der Sie im Idealfall die einzelnen Arbeitsschritte besprechen, die dann im Exposé eine verbindliche Grundlage für die Erstellung der Bachelorarbeit bilden.

Sie können sich aber auch mit einem fertigen Exposé um eine Gutachterin bzw. einen Gutachter bemühen, sozusagen bewerben. Angesichts der großen Zahl an Studierenden und der beinahe konstanten Zahl an kundigen Gutachtenden, birgt dieses Vorgehen aber ein gewisses Risiko. Eine annähernd gleiche Verteilung der Bachelorarbeiten auf die potenziellen Gutachtenden wird angestrebt, und so könnten Sie von besonders belasteten Dozierenden eine Absage erhalten.

Sie können gewiss sein, dass die gutachterlich tätige Person über ein größeres Fachwissen verfügt, als Sie es besitzen. Dies können Sie sich für Ihre Arbeit zunutze machen. Auch ist es sehr häufig gewinnbringend, wenn Sie mit anderen Mitstudierenden zusammenarbeiten und kritisch Ihre Ideen und schriftlichen Ausarbeitungen besprechen. Finden Sie sich zeitig zu Teams aus Forschenden zusammen. Ein Austausch ist auch bei der Bachelorarbeit wichtig, da man sich schnell in der eigenen Gedankenwelt verlieren kann, meint, etwas verständlich und interessant geschrieben zu haben, sich darin aber manchmal täuscht. Kritische Leserinnen und Leser helfen Ihnen, dies zu vermeiden.

6. Allgemeine Hinweise zur Literaturbeschaffung

Erste Adresse für die Literaturbeschaffung sind Hochschulbibliotheken. Insbesondere sind hier die Universitäten zu nennen, die einen sehr breit gefächerten Bestand und eine Vielzahl von vertiefender bzw. Spezialliteratur vorhalten. Es gibt die analogen und die digitalen Kataloge, elektronische Datenbanken und eine Vielzahl an elektronischen Ressourcen (Bücher, Zeitschriften, Sammlungen u.Ä.).

Verschiedene Universitäten bieten bspw. zahlreiche wissenschaftliche Literatur zu den Rechtswissenschaften, Soziologie, Politikwissenschaften, Wirtschaftswissenschaften und den Kriminalwissenschaften an. Die Bestände orientieren sich an den Studiengängen, die angeboten werden. Informationen hierüber sind leicht über die jeweiligen Internetseiten der Hochschulen abrufbar.

Juristische Literatur findet sich zudem in den Bibliotheken der Justizzentren und der Gerichte, kriminologische auch in

Forschungseinrichtungen wie bspw. dem Max-Planck-Institut zur Erforschung von Kriminalität, Sicherheit und Recht in Freiburg im Breisgau.

Auch in der Hochschule in Merseburg findet sich ein breites Spektrum an kriminologischer Literatur. Hier sind zudem die Bereiche der sozialen Arbeit und des Strafvollzuges gut abgedeckt. Bei anderen (Fach-)Hochschulen dürfte sich ein Blick in den Bibliotheksbestand ebenso lohnen.

Vergleichbare Spezialisierungen finden sich in allen Bundesländern und Stadtstaaten an den Hochschulen und Universitäten. Die jeweiligen Homepages bietet einen leichten Zugang zu den Informationen über die thematischen Schwerpunkte der Bibliotheken, die Sie benötigen.

Fernleihbestellungen aus diesen Bibliotheken an die (Fach-) Hochschulen und Akademien der Polizeien sind grundsätzlich möglich, können zuweilen aber zeitaufwendig sein (bis zu vier Wochen). Angesichts dessen lohnt sich die Fahrt zu den anderen Hochschulen. Außerdem hat man nur in den jeweiligen Hochschulnetzen Zugang zu den elektronischen Katalogen und Ressourcen.

Die Anmeldung für die Bibliotheken anderer Hochschulen ist kostenfrei. Die Öffnungszeiten und Adressen der Bibliotheken, der Anmeldung wie der Leihbereiche, finden Sie ebenfalls im Internet.

Viele Forschungsinstitute veröffentlichen Forschungsberichte auf ihrer Homepage. Es lohnt ein Blick auf die Publikationsliste des Bundeskriminalamtes, des Kriminologischen Forschungsinstitutes Niedersachsens, der Leibniz-Institute, der TIB Hannover, der Max-Planck-Institute usw.

7. Allgemeine Hinweise zur Literaturverwaltung

Sehr gute Programme zur Literaturverwaltung und Erstellung von Quellenverzeichnissen sind bspw. Citavi[7], Zotero[8] und EndNote[9]. Die Programme sind hinsichtlich ihrer grundlegenden Funktionen (wie z.B. der Möglichkeiten, in Bibliothekskatalogen nach Literatur zu suchen, gesammelte Literatur zu verwalten und eine strukturierte Sammlung von Zitaten anzulegen) vergleichbar. Da es sich bei einigen Anwendungen um kommerzielle Produkte handelt, ist ihre Nutzung bzw. vollständige Nutzung nicht immer kostenlos. Einige bieten eine kostenfreie Basisversion an. Für kleine geisteswissenschaftliche oder kulturwissenschaftliche Projekte wie Hausarbeiten oder eine Bachelorarbeit ist die Beschränkung der Anzahl der Titel jedoch unproblematisch.

Einige Hochschulen und Fachhochschulen stellen ihren Studierenden Lizenzen für die vollständige Nutzung von bspw. Citavi oder EndNote zur Verfügung. Je nach (Fach)Hochschulstruktur können dafür unterschiedliche Institutionen verantwortlich sein. Für gewöhnlich können Sie das Vorhandensein verfügbarer Lizenzen in den Bibliotheken oder im Rechenzentrum der jeweiligen (Fach-)Hochschule erfragen. Zudem bieten die meisten (Fach-)Hochschulen Seminare zum Umgang mit den Anwendungen an – wobei Einführungen in EndNote zumeist einen naturwissenschaftlichen und Einführungen in Citavi einen geistes- und kulturwissenschaftlichen Schwerpunkt haben.

7 Programm für Windows Betriebssysteme.

8 Open Source Programm für alle Betriebssysteme.

9 Programm für iOS und Windows.

II. Teil: Das Schreiben einer Bachelorarbeit – Forschen und Schreiben

Die Grundlagen wissenschaftlichen Arbeitens, Hinweise zur Themenfindung und zur Literaturrecherche wurden bereits im ersten Teil des Propädeutikums vermittelt. Der zweite Teil wird nun Aspekte noch einmal aufgreifen, vertiefen und durch neue Anregungen ergänzen, die vor allem für die Erstellung der Bachelorarbeit notwendig sind.

Wenn Sie das Exposé für Ihre Bachelorarbeit ggf. bereits beim Prüfungsamt abgegeben haben, ist damit ein wichtiger Schritt auf dem nicht immer leichten Weg bis zur Abgabe der fertigen Arbeit bewältigt. Auch wenn die begutachtende Person und das Prüfungsamt das Exposé angenommen haben, heißt dies nicht, dass nun alles getan ist und man sich erst wieder in den Wochen der Freistellung dem Bachelorprojekt widmen sollte. Für die Mehrheit der Vorhaben gilt: *Es gibt viel zu tun, packen Sie es an, und zwar jetzt!*

Wer sich für das Exposé bereits mit der Aufarbeitung des Forschungsstandes auseinandergesetzt hat, wird erkannt haben, dass eine klare Zieldefinition diese Recherche erleichtert bzw. befördert. Wer bisher nur wenige Titel zum eigenen Thema gefunden hat, sollte sich zwingend auf die weitere Suche machen und sich belesen. Mit jedem Artikel, mit jedem Buch, mit jeder Studie wird klarer, wohin die wissenschaftliche Reise gehen könnte, wohin sie gehen sollte, welche Mittel man braucht, um den Weg zu meistern, wann und wo und wie diese Mittel zu beschaffen sind. Ob man alles allein bewältigen kann oder Unterstützung benötigt, ist nun zu klären. Es sollten verbindliche

Absprachen, bspw. auch mit Teilnehmenden von Interviews, sowie Terminvereinbarungen getroffen, Bibliotheksausweise bzw. Kopierkarten besorgt und Fernleihkonten angelegt werden. Genehmigungserfordernisse sind zu klären und Genehmigungsverfahren durchzuführen bspw. in sensiblen Themenfeldern oder bei Verschlusssachen. Der Forschungsstand ist weiter auszubauen, die Methodenkompetenz zu verbessern. Das Exposé, insbesondere der Zeitplan ist anzupassen.

Schon vor Beginn der Zeit der Freistellung sollten Materialien, Daten, Literatur und Software (bspw. für Datenanalyse, Literaturdatenbanken etc.) bereitliegen, Daten aufbereitet und bereinigt sein, damit Sie kompetent und informiert mit dem Schreiben starten können. Schreiben kostet Zeit, gutes Schreiben noch mehr, und auch Kraft. Planen Sie Pausen ein. Man kann nicht mehrere Wochen ununterbrochen Schreiben. Man muss sich hin und wieder vom eigenen Text lösen, um dann mit erholtem und kritischem Geist die eigene Arbeit zu lesen, zu korrigieren und unter Umständen neu oder umzuschreiben.

Wichtig ist auch, dass Zeit für das Korrekturlesen, auch durch Dritte oder ein professionelles Lektorat, eingeplant wird, ebenso für das Drucken und Binden der Arbeit. Ein gutes Zeitmanagement ist unerlässlich.

Doch nun einige Gedanken zum wissenschaftlichen Arbeiten und Schreiben.

1. Wovon will ich Wissen erlangen? – Ist Ihr Thema richtig gewählt?

Im ersten Teil des Buches erhielten Sie bereits erste Hinweise zur Themenfindung. An dieser Stelle soll die Präzisierung des Themas im Vordergrund stehen. Zur Themenfindung mag es genügen, auf Internetseiten, Lehrbücher oder Studienbücher zurückzugreifen. Beim Schreiben des Exposés, aber spätestens, wenn es an die Bearbeitung des Themas geht, reicht dies nicht mehr aus.

Informationen zu bestimmten Themen oder auch nur Aspekten davon finden Sie vor allem in der Fachliteratur. Das sind die Texte, die einer bestimmten wissenschaftlichen Disziplin zugehören, z. B. der Polizeiwissenschaft. Diese Texte lassen sich wiederum unterteilen. Man hat zum einen Primärliteratur. Das sind wissenschaftliche Texte, die sich mit einem bestimmten Thema auseinandersetzen. Zum anderen hat man Sekundärliteratur. Hierunter zählen Texte, die sich kritisch mit Primärliteratur auseinandersetzen. Das heißt, sie liefern inhaltliche Überblicke, hinterfragen Ergebnisse oder stellen Probleme heraus.

Sie sollten sich im weiteren Verlauf Ihrer Arbeit auf die Primärliteratur konzentrieren. Sekundärliteratur kann in der Arbeit Berücksichtigung finden, wenn es bspw. an Primärliteratur mangelt, insbesondere, weil diese nicht zu beschaffen ist. Dies ist zuweilen bei internationaler Literatur oder klassischen Werken der Fall.

Damit Sie beim Schreiben des Exposés – aber auch später beim Verfassen Ihrer Arbeit – keine ungeplanten Bearbeitungspausen einlegen müssen, sollten Sie sich frühzeitig in der Bibliothek Ihrer Lehreinrichtung kundig machen, ob die für Sie nötigen Werke vorhanden und, wenn ja, ob sie auch verfügbar sind. Letzteres zu überprüfen ist besonders wichtig, da Sie mit Ihren Forschungsbemühungen nicht allein sind. Andere Personen mit ähnlichen Forschungsvorhaben benötigen oft dieselben Werke. Da kann es schon einmal sein, dass die einzige Ausgabe eines Werks in der Bibliothek für einen Monat ausgeliehen ist. Je nach Lehreinrichtung können Sie per Computer auf eine Datenbank zugreifen, die Auskunft über den Bücherbestand und Entleihungen der Bibliothek gibt. Sie müssen also bei der Suche nach einem Buch nicht hektisch durch die Gänge der Bibliothek rennen.

Was aber, wenn ein Buch entliehen, bereits vorgemerkt oder überhaupt nicht in der Bibliothek vorhanden ist? Dann lohnt sich ein Blick auf die Webseiten sogenannter Bibliotheksverbünde, z. B. des GBV (Gemeinsamer Bibliotheksverbund) oder BVB (Bibliotheksverbund Bayern). Zumeist können Sie dort in einem Suchfeld den Namen des Werks eingeben, das Sie brauchen. Ihnen wird dann eine Liste mit Bibliotheken angezeigt, die das Buch in Ihrem Bestand haben. Sie müssen nun nicht unbedingt zu einer der Bibliotheken fahren und das Buch dort persönlich ausleihen. Auf den Webseiten finden Sie die Möglichkeit, sich ein sogenanntes Fernleihekonto einzurichten; anschließend können Sie ein Buch aus einer anderen Bibliothek bestellen. Das Buch wird dann zu der von Ihnen angegebenen Heimatbibliothek geliefert. Allerdings ist dieser Service nicht kostenlos und auch nicht ohne zeitliche Beschränkungen. Sie müssen daher immer einplanen, welche Kosten[10] pro Entleihung auf Sie zukommen und wie lang es dauert, bis das Buch bei Ihnen ankommt bzw. wie lange Sie es überhaupt ausleihen können. Für gewöhnlich schränken die einzelnen Bibliotheken nämlich Ihre Ausleihzeit ein.

Die vertiefende Literaturrecherche sollte Ihnen helfen abzuschätzen, ob Sie Ihr Thema hinreichend präzisiert haben. Eine Eingrenzung des Themas ist hilfreich. Im Rahmen einer Bachelor- oder Masterarbeit[11] sollten Sie sich auf eine einzelne Erkenntnis beschränken. Formulieren Sie eine Fragestellung, aus der sehr genau ersichtlich ist, welche Erkenntnis Sie aus der Bearbeitung ihres Themenaspekts gewinnen wollen. Interessieren Sie z. B. völkerrechtliche Abkommen in Europa? Dann fragen sie nicht danach, welche Auswirkungen solche Abkommen haben bzw. hatten. Das ist viel zu weitschweifig. Schränken Sie sich

10 Die Entleihung von einzelnen Büchern ist meist für deutlich weniger als 5 Euro möglich. Die Kopiebestellung von Aufsätzen orientiert sich an den üblichen Kopierkosten der Hochschulen pro Seite.

11 Gleiches gilt für Schwerpunktarbeiten bei Staatsexamen.

thematisch ein. Fragen Sie bspw.: „Welche völkerrechtlichen Konsequenzen hatte das Schengener Abkommen von 1985 für die Bürgerinnen und Bürger der Bundesrepublik Deutschland und der Deutschen Demokratischen Republik?“ Eine solche Frage umreißt klar, was Sie bearbeiten wollen und in welchen Grenzen Ihre Bearbeitung erfolgen soll.

Studierende spezieller Studiengänge, wie bspw. der Polizeiwissenschaften, sollten die damit einhergehende Begrenzung bedenken. Gutachterlich tätige Personen und Prüfungskommissionen hinterfragen kritisch, ob das bearbeitete Thema Relevanz bspw. für die polizeiliche Praxis haben könnte. Daher sollten Sie frühzeitig diesen Aspekt aufgreifen und zumindest kurz in der Arbeit ansprechen. Keine Sorge, auch Grundlagenforschung, deren Nutzen nicht unmittelbar begründet werden kann, kann mittelbar Bedeutung erlangen. Viele wissenschaftliche Erkenntnisse, die nicht aus den Polizeiwissenschaften stammen, sind aus der heutigen Polizeiarbeit nicht wegzudenken. Denken Sie nur an DNA-Analysen oder Risikoprognoseinstrumente.

2. Wie kann ich davon Wissen erlangen?

Haben Sie einmal ihre Forschungsfrage gefunden, müssen Sie sich darüber klarwerden, wie Sie sie wissenschaftlich bearbeiten können. Grundsätzlich lassen sich zwei Arten wissenschaftlichen Arbeitens unterscheiden: Es kann entweder *theoretisch* oder *praktisch* sein. Zum Zeitpunkt der Abgabe des Exposés sollten Sie bereits wissen, in welcher Art Sie ihre Frage bearbeite wollen. Weiter ist es notwendig, das Untersuchungsdesign und die Auswertungsmethode genauer zu bestimmen. Das heißt, Sie müssen für Ihre präzisierte Forschungsfrage das richtige Design und die adäquate Methode wählen, die die Fakten liefern, die zur Beantwortung zwingend notwendig sind. Unterschiedliche Designs und Methoden korrespondieren mit unterschiedlichen wissenschaftlichen Qualitäts- und Gütekriterien. Es ist zwar erstrebenswert, die höchste Güte zu erreichen, jedoch ist dies im Rahmen einer Bachelor- oder Masterarbeit häufig nicht möglich. Entweder fehlt es Ihnen an Wissen oder an Fähigkeiten, die die Anwendung einer Methode erfordert, oder es fehlen Zeit, Geld, technische oder personelle Ressourcen.

Wählen Sie ein Design und eine Methode, die Sie beherrschen und die zielführend für Ihr Vorhaben sind, und passen Sie ggf. Ihre Forschungsfrage noch einmal an diese an. Versprechen Sie bspw. keine Repräsentativität, wenn Sie diese nicht erreichen können. Achten Sie bei Ihrer späteren Analyse auf sachgerechte Formulierungen. Haben Sie bspw. nur an *einem* Standort zu *einem* Messzeitpunkt ein kriminalpräventives Konzept im Wege einer qualitativen Erhebung evaluiert, können Sie keine Aussagen darüber treffen, ob das Konzept tatsächlich kriminalpräventive Effekte hat. Wenn Sie lediglich den Gesetzeswortlaut einer Norm des StGB analysiert haben, können Sie keine Aussage zur Bewährung der Norm in der Rechtspraxis treffen.

Je nach wissenschaftlicher Disziplin widmen sich theoretische Arbeiten der Interpretation und Erklärung von Daten, der Analyse von Begriffen oder der systematischen Erklärung von Weltzusammenhängen. Praktische Arbeiten erheben hingegen z. B. Daten oder überprüfen Theorien anhand von echten Fällen. Die Soziologie oder Experimentalphysik sind Bereiche, in denen man oft praktisch arbeitet.

Grundsätzlich gilt aber: Praktische Arbeiten kommen nicht ohne Theorie aus und umgekehrt gilt dies auch für die meisten theoretischen Arbeiten. Viele Theorien werden nämlich in Bezug auf Probleme der Praxis formuliert. Sie sollen einen bestimmten Interpretationsrahmen schaffen, durch den die Dinge verstanden werden können. Insofern sind auch Dinge, die der Erfahrung entstammen, für eine Theorie maßgeblich. Das zu berücksichtigen ist wichtig, weil man andernfalls beginnt, wissenschaftliche Kardinalfehler zu begehen. In der Welt der Literatur warnt hiervor an prominentester Stelle Arthur Conan Doyle:

> „Es ist ein verhängnisvoller Fehler, eine Theorie aufzustellen, bevor man Tatsachen hat. Unmerklich beginnt man Fakten zu verdrehen, damit sie zu den Theorien passen, anstatt dass die Theorien zu den Fakten passen.“ (Doyle, 2003, S. 242 [Eigene Übersetzung aus dem Englischen])[12]

Orientieren Sie sich bei Ihrer praktischen Arbeit nicht an einer Theorie, können Sie keine Fakten erklären. Besteht Ihre Theorie unabhängig von den von Ihnen gesammelten Fakten, laufen Sie Gefahr, dass Ihre Fakten zu Fiktion werden. Das heißt, Sie können mit Ihrer Theorie und den Fakten nichts mehr in der richtigen Welt erklären.

2.1. Ein Wort zu den Grundsätzen wissenschaftlicher Forschung

Gleichgültig, für welche Vorgehensweise Sie sich letztlich entscheiden, ihre Forschung muss in jedem Fall wissenschaftlich sein. Das erreichen Sie aber nur, indem Sie sich während des Forschungsprozesses an allgemeine Grundsätze der Wissenschaftlichkeit halten.

Im Exposé müssen Sie eine bestimmte Forschungsfrage formulieren. Diese sollte auf einen aktuellen wissenschaftlichen Kontext Bezug nehmen. Grundsätzlich sollten Sie sich während der Bearbeitung des Themas auch immer auf die Beantwortung genau dieser Frage fokussieren. Hin und wieder kann es vorkommen, dass man versucht ist während des Forschungsprozesses abzuschweifen, da sich mit neuen Erkenntnissen auch neue

12 „It is a capital mistake to theorize before one has data. Insensibly one begins to twist facts to suit theories, instead of theories to suit facts.“ (Doyle, 2003, S. 242)

Fragen auftun. Ein Forschungsprozess sollte aber auch zu einem Abschluss kommen, der Ergebnisse präsentiert. Wenn Sie jede neue Frage beantworten wollen, die während des Forschungsprozesses auftaucht, werden Sie nie fertig. Denn dies führt unweigerlich zu neuen Fragen. Bleiben Sie daher zielgerichtet und konzentrieren Sie sich auf Ihre Forschungsfrage.

Ein wissenschaftlicher Forschungsprozess zeichnet sich durch eine bestimmte Vorgehensweise aus, die genau auf die Beantwortung der jeweiligen Forschungsfrage abgestimmt ist. Dies betrifft sowohl den Einsatz von Methoden als auch die Einhaltung zeitlicher Abfolgen. Für gewöhnlich sind die Methoden theoretisch sehr gut durchdacht und haben sich in der Praxis bewährt. Sie sollten daher während Ihres Forschungsprozesses methodisch streng vorgehen. Das heißt, dass Sie beim Einsatz einer Methode genau so vorgehen, wie man laut der Methodenbeschreibung vorgehen sollte. Der Gedanke dahinter ist, dass durch die Einhaltung der methodischen Strenge Ihre Forschung nachvollziehbar wird, da für andere genau ersichtlich ist, was Sie in jedem Abschnitt des Forschungsprozesses getan haben.

Ein weiteres Merkmal von Wissenschaftlichkeit ist die Einhaltung einer Wissenschafts- und Forschungsethik. Forschung hat nur dann einen wissenschaftlichen Wert, wenn sie tatsächlich Erkenntnisse über die Welt hervorbringt. Das ist aber nur dann der Fall, wenn Forschungserkenntnisse nicht aufgrund z. B. ökonomischer oder ideologischer Interessen manipuliert, verfälscht oder gestohlen werden. Außerdem sollten durch Ihre Forschung keine Forschungsteilnehmenden, egal ob Mensch oder Tier, geschädigt werden.

Letztlich müssen Sie darauf achten, dass Sie Ihren gesamten Forschungsprozess verständlich und so detailliert wie *nötig*, aber nicht so detailliert wie möglich darlegen. Andere sollen verstehen können, wie Sie Ihre Forschungsfrage beantworten haben. Dafür ist es oftmals unnötig, Ihr gesamtes Datenmaterial in

Ihren Darlegungen auszubreiten. Wie schon Goethe sagte: „Wer Großes will muß sich zusammenraffen // In der Beschränkung zeigt sich erst der Meister“ (Goethe, 1833, S. 101). Führen Sie also nur das auf, was zur Beantwortung Ihrer Forschungsfrage beiträgt. Was jedoch nicht bedeutet, dass Sie ungenutztes Datenmaterial vernichten dürfen. Bei Ihrer Beantwortung treffen Sie schließlich nur eine *Auswahl* aus Ihrem Datenmaterial. Damit andere diese Auswahl bei Bedarf nachvollziehen können, müssen Sie ihnen Zugang zum ganzen Datenmaterial gewähren. Das heißt, ungenutzte Daten sollten Sie ebenso wie genutzte immer archivieren.

2.2. Praktisches wissenschaftliches Arbeiten

Wie sieht aber nun eine wissenschaftliche Bearbeitung Ihrer Fragestellung aus? Dafür gibt es sehr viele Möglichkeiten. In praktischen Arbeiten orientiert man sich an der Art von Informationen, die man erheben möchte. Informationen können entweder *qualitativ* oder *quantitativ* sein. Qualitative Informationen beziehen sich auf das Wissen über einzelne Ereignisse, Individuen und deren Zusammenhänge. Hierbei geht es also um individuelle Merkmale. Quantitative Informationen beziehen sich auf Zahlen, die statistisch ausgewertet werden können. Sie stellen also Beziehungen von Merkmalen dar.

Um Informationen zu generieren, hat sich durchgesetzt, dass man zunächst bestimmte Regeln formuliert, die vorgeben, was getan wird und wozu es getan wird. Alle Regeln zusammen nennt man das *Forschungsdesign* oder einen *Untersuchungsplan*. Typische Forschungsdesigns für eine qualitative Forschung sind z. B. die Einzelfallanalyse, die Feldforschung oder das qualitative Experiment. In der quantitativen Forschung bedient man sich Quer- oder Längsschnittdesigns bzw. Panels oder Trendstudien.

Auf die Wahl des Designs folgt die Wahl einer *Methode*, um die Regeln umzusetzen. Eine Methode ist eine bestimmte Art und

Weise des Vorgehens, um ein festgelegtes Ziel zu erreichen. Auch hier unterscheiden sich qualitative und quantitative Forschung. Was nachvollziehbar ist, weil unterschiedliche Herangehensweisen erforderlich sind, um die gewünschten Informationen zu erlangen. Wollen Sie z. B. Informationen über das Leben eines Menschen bekommen, müssen Sie eine Methode zur Erlangung qualitativer Informationen nutzen. So könnten Sie z. B. ein problemorientiertes oder narratives Interview führen, das Sie im Anschluss auswerten. Die wohl verbreitetste Methode, um quantitative Informationen zu erlangen, ist die Befragung mithilfe eines Fragebogens. Ihn können Sie nutzen, um sehr viele Informationen auf einmal einzuholen. Dies bedeutet aber nicht unbedingt, dass Sie auch viele Informationen bekommen. Denn das hängt davon ab, ob Sie genug Menschen finden, die ihn ausfüllen. Letztlich aber finden Fragebögen sowohl in der quantitativen wie auch in der qualitativen Forschung Anwendung. Hier sind die Grenzen fließend.

Für welche Methode Sie sich auch entscheiden, sie alle sind mit einem bestimmten Aufwand verbunden, den Sie berücksichtigen sollten. Die Methoden der quantitativen Forschung wirken oftmals weniger arbeitsaufwändig. Man verschickt Fragebögen, bekommt sie zurück, wertet sie schnell aus und schon ist man fertig. Das ist ein Trugschluss. Quantitative Forschung ist mindestens genauso aufwändig wie qualitative Forschung. Schließlich müssen Fragebögen zunächst erstellt werden; von den unterschiedlichen Auswertungsmethoden ganz zu schweigen. Lassen Sie sich also nicht täuschen und informieren Sie sich vorher, was für ein Arbeitsaufwand mit den einzelnen Methoden verbunden ist.

Weiterhin sollten Sie bei der Wahl Ihrer Methode bedenken, dass Sie *nicht alle existierenden* Methode einsetzen müssen. Methodenlehrbücher stellen Ihnen eine Vielzahl von Methoden vor, die dazu geeignet sind, an Daten zu gelangen. Das kann sehr verwirrend sein, wenn man nicht weiß, welche Methode man am besten nutzen sollte. Welche Methode für Ihre wissenschaftliche Arbeit geeignet ist, entscheidet sich allein mit Blick auf Ihre Forschungsfrage, ihren Forschungsgegenstand und äußere Bedingungen (Einflussfaktoren). Wollen Sie bspw. herausfinden, ob der Aufenthalt in einer bestimmten Jugendarrestanstalt dahingehend erfolgreicher ist, dass weniger Jugendliche rückfällig werden als aus anderen Arrestanstalten (Forschungsfrage), bieten sich zunächst quantitative Methoden an. Sie könnten z. B. erheben, wie oft Jugendliche (Untersuchungsgruppe) erneut in den Jugendarrest (äußere Bedingung) eingewiesen wurden. Ergibt Ihre Erhebung, dass kein Jugendlicher bzw. keine Jugendliche erneut in den Jugendarrest eingewiesen wurde, könnten Sie eine Antwort für Ihre Forschungsfrage daraus ableiten. Was aber, wenn der Jugendarrest nur für Ersttäterinnen bzw. Ersttäter ist? Dann passt die von Ihnen gewählte Methode aufgrund einer äußeren Bedingung (Einflussfaktor) einfach nicht zu Ihrer Frage. Berücksichtigen Sie daher bei der Wahl einer Methode immer Ihre Forschungsfrage, den Forschungsgegenstand *und* die äußeren Bedingungen!

Unterstützung bieten Studienbücher. In der Kriminologie finden sich wertvolle Anregungen in der englischsprachigen Literatur wie bspw. bei Bachmann & Schutt (2017): *The Practice of Research in Criminology and Criminal Justice*. Ebenso können Sie auf sozialwissenschaftliche Literatur zurückgreifen, wie z. B. Babbie (2014): *The Practice of Social Research*.

2.3. Theoretisches wissenschaftliches Arbeiten

Möglicherweise haben Sie zwischenzeitlich den Eindruck gewonnen, dass praktisches wissenschaftliches Arbeiten sehr viel Mühe bedeutet. Und genau so ist es. Sollte man dann vielleicht lieber theoretisch arbeiten? Ein paar Daten interpretieren und

Begriffe analysieren, das hört sich viel leichter an. Ist es aber nicht.

Eine theoretische Arbeit wird um der Erkenntnis über etwas Bestimmtes willen geschrieben. Sie soll zumeist das bestehende Wissen über etwas erweitern und hinterfragen. Das ist aber nur möglich, wenn man weiß, was es über etwas zu wissen gibt. Grundsätzlich sind daher für theoretische Arbeiten umfangreiche *systematische Literaturrecherchen* nötig und gegebenenfalls auch der *konstruktive Austausch mit Fachleuten*.

Zugegeben, das ist bei praktischen Arbeiten auch der Fall. Nur ist das Ziel dahinter ein anderes. Man betreibt Literaturrecherche, um seinen Forschungsgegenstand immer wieder neu zu verstehen, ihn zu *zerdenken* und um an ihm etwas zu entdecken, was vorher noch niemand bemerkt hat.

Wie beim praktischen wissenschaftlichen Arbeiten haben sich auch in der Theorie viele unterschiedliche Methoden herausgebildet, um Forschungsfragen zu bearbeiten. Welche Methode Sie anwenden, hängt meist von Ihrer Art zu Denken und von der Weise ab, wie Sie allgemein an Probleme herangehen. Es kommt auch vor, dass es in einer wissenschaftlichen Disziplin zum guten Ton gehört, dass man bestimmte Methoden anwendet, *wenn die Umstände es erfordern*. Das ist z. B. in der Rechtswissenschaft der Fall, wenn es um die Gesetzesauslegung geht. In anderen Disziplinen gibt es eine größere Vielfalt an Designs und Methoden. Hier entscheidet die Qualität der angestrebten Fakten, der Daten, welche angewendet werden sollten. Die Methodenwahl hängt aber auch von personellen, zeitlichen und finanziellen Ressourcen ab. Einige Experimente und Auswertungsmethoden sind sehr aufwendig und daher sehr teuer. Es können sich aber auch Restriktionen aus dem Untersuchungsfeld selbst ergeben. So sind bspw. zu schweren Gewaltdelikten kaum Täterbefragungen möglich.

Für welche Methoden sie sich bei Ihrer theoretischen wissenschaftlichen Arbeit auch entscheiden mögen, für ihren Einsatz gilt dasselbe wie bei praktischen wissenschaftlichen Arbeiten. Der Einsatz sollte sich an Ihrer Forschungsfrage, Ihrem Forschungsobjekt und den äußeren Bedingungen orientieren. Wollen Sie z.B. herausfinden, welche Bedeutung einer *Policeyordnung* im 18. Jahrhundert zukommt, sollten Sie das nicht durch eine dokumentarische Bildinterpretation versuchen. Auch wenn *Policeyordnungen* aus dem 18. Jahrhundert gedruckt vorliegen, sind sie keine Bilder, sondern Texte. Daher würde eine Methode zur Untersuchung von Texten, z.B. die historisch-kritische Methode der Geschichtswissenschaften, eher Ihrem Forschungsgegenstand entsprechen.

3. Was muss ich bei der Bearbeitung beachten?

Wenn Sie sich für eine Forschungsfrage entschieden und die passenden Methoden gefunden haben, können Sie Ihre Forschungsfrage nun wissenschaftliche bearbeiten. Hierbei produzieren Sie Ergebnisse, die Sie in Ihrer Bachelorarbeit darlegen müssen. Zu diesen Ergebnissen zählen bspw. eine Datenauswertung oder Diskussion von Theorien.

Im Folgenden geht es darum, wie Sie Ihre Ergebnisse am besten zu Papier bringen. Hierbei gibt es sowohl Formales als auch Inhaltliches zu beachten.

3.1. Die Formalitäten

Auf die Gestaltung des *Deckblattes* wurde oben anhand des Exposés bereits verwiesen (siehe S. 27). Für die eigentliche Arbeit gilt nichts anderes. Als nächstes ist ein *aussagekräftiges*[13] *Inhaltsverzeichnis* zu erstellen. Man findet sich dadurch schnell in Ihrer Arbeit zurecht und gewinnt einen guten Überblick. Hier zeigt sich übrigens auch auf einem Blick, wie Ihr Text thematisch aufgebaut ist.

Welche Arbeiten anderer die Basis Ihrer Arbeit bilden, müssen Sie in einem *Literaturverzeichnis* darlegen. Dort listen Sie in alphabetischer Reihenfolge die von Ihnen verwendete Literatur auf, die nicht zugleich Quelle ist. Der Unterschied zwischen Literatur und Quelle besteht darin, dass Literatur auf der Grundlage von Quellen geschrieben wird. Eine Quelle ist hingegen etwas, auf dessen Grundlage man Erkenntnisse gewinnen kann. Quellen können bspw. Urkunden, Zeugenberichte, Grabinschriften oder Kassenbücher sein.

Damit Ihr Literaturverzeichnis übersichtlich ist, sollten Sie Ihre *Primär- und Sekundärliteratur* strukturiert verzeichnen. Das heißt, Sie müssen jedes Werk mit vollständigen Angaben in alphabetischer Reihenfolge aufführen. Zu den Angaben gehören mindestens der Vor- und Zuname des Verfassers bzw. der Verfasserin, gefolgt vom Werktitel, der Auflage des Werks sowie dem Erscheinungsjahr. Bei Artikeln aus Fachzeitschriften gelten ähnliche Mindestangaben. So sollten mindestens Vor- und Zuname der Autorin bzw. des Autors aufgeführt sein, gefolgt vom Titel des Artikels, dem Titel der Fachzeitschrift, dem Jahr des Erscheinens und der Nummer der Ausgabe der Fachzeitschrift. (Zur formalen Gestaltung der Angaben werden häufig von den Fakultäten Vorgaben gemacht; zu diesen s. unten.)

Vom Literaturverzeichnis ist das *Quellenverzeichnis* strikt zu trennen. Ein Quellenverzeichnis gliedert sich in *Primär- und Sekundärquellen*.

13 Aussagekräftig bedeutet, dass man beim Lesen genau erkennen kann, womit Sie sich in Ihrer Arbeit vertiefend auseinandergesetzt haben. Allgemeine und damit auf Ihre Arbeit bezogen nichtssagende Formulierungen wie „Theoriephase", „Auswertung" und „Fazit" sind zu vermeiden.

Primärquellen haben immer einen direkten thematischen Bezug zu Ihrer Fragestellung. Haben Sie bspw. zur Beantwortung ihrer Frage auf die Transkription eines strukturierten Interviews zurückgegriffen, so ist diese Transkription eine Primärquelle. Sekundärquellen haben hingegen nur einen indirekten thematischen Bezug zu Ihrer Fragestellung. Ein Beispiel hierfür wäre die Aufnahme eines Gesprächs zwischen Fachleuten, die sich mit der Deutung Ihrer Transkription des strukturierten Interviews auseinandersetzt. Alles, was Sie aus dieser Quelle entnehmen können, sind interpretierte Erkenntnisse, die Sie nicht direkt aus Ihrer Primärquelle entnehmen. Sie sind somit zweitrangig.

Um die von Ihnen verwendeten Primär- und Sekundärquellen schneller überblicken zu können, sollten Sie diese in Kategorien einteilen. So könnten Sie z. B. unter der Kategorie „strukturierte Interviews“ alle Transkriptionen von strukturierten Interviews aufführen, die Sie verwendet haben.

Da die Unterscheidung zwischen Literatur und Quelle oftmals recht verwirrend sein kann, lohnt sich immer ein Blick in Fachbücher, die sich ausschließlich damit beschäftigen, z. B. Schröder / Bergman / Sturm (2010): *Richtiges Zitieren: Ein Leitfaden für Jurastudium und Rechtspraxis oder Balzert und Schäfer (2008): Wissenschaftliches Arbeiten – Wissenschaft, Quelle, Artefakte, Organisation, Präsentation.*

Eine gesonderte Stellung im Literatur- und Quellenverzeichnis nimmt die so genannte *Graue Literatur* ein. Als Graue Literatur werden Werke bezeichnet, die nicht offiziell veröffentlicht wurden, also auch nicht im Buchhandel zu finden sind. Zur Grauen Literatur zählen z. B. firmeninterne Berichte oder wissenschaftliche Arbeiten, die nicht in Verlagen veröffentlicht wurden. Graue Literatur kann daher je nachdem, in welcher Form sie vorliegt und wozu Sie sie verwenden, sowohl Literatur als auch Quelle sein.

Als Letztes muss Ihrer Arbeit eine *eidesstattliche Erklärung* beiliegen. In dieser erklären Sie, dass Sie Ihre wissenschaftliche Arbeit allein bzw. nur mit den von Ihnen angegebenen Mitteln erstellt haben. Sie erklären damit, dass Sie allein die urhebende Person der Arbeit sind und sich für den Inhalt verantwortlich zeigen.

Je nachdem, an welchem Institut und in welcher wissenschaftlichen Disziplin Sie Ihre Arbeit schreiben, müssen Sie zudem Vorgaben für die formale Gestaltung Ihres Textes einhalten. Das betrifft vor allem die Schriftart, Schriftgröße, den Rand und die Zitationsform. Empfehlenswert ist die Schriftgröße 12 mit der Schriftart Times New Roman und einen Zeilenabstand von 1,5.

Die Zitationsform ist eine Herausforderung für sich. In verschiedenen Wissenschaftszweigen gelten unterschiedliche Zitationsformen. Grundsätzlich sollten Sie danach fragen, welche Ihre gutachterlich tätige Person bevorzugt. Ein Beispiel hierfür ist das folgende Format: „*Nachname, Vorname: Titel, Ort: Verlag (Jahr), S. #.*“ Hierbei sind vollständige Angaben wichtig. Durch sie ist nachvollziehbar, ob sich Aussagen oder Darstellungen in Ihrem Text mit denen aus der Literatur, die Sie zitieren oder auf die Sie verweisen, decken oder nicht. Verbindlich Standards formulieren bspw. das *Publication Manual of the American Psychological Association (APA Manual)* (Psychologie) oder Bergmann / Schröder / Sturm: *Richtiges Zitieren* für die Rechtswissenschaften. Mit Hilfe von Software zur Literaturverwaltung wie bspw. Citavi können Sie sich viel Arbeit bei der Erstellung von Zitaten und Literaturverzeichnissen ersparen und Sie können sicher sein, dass die Angaben einheitlich sind (bei guter Vorarbeit durch Sie auch vollständig).

Zur Darstellung von Zitaten im Text bitte noch einmal in Teil I unter *Das Exposé, 4.1. Die Formalitäten* (Seite 27 bis 29) nachlesen.

3.2. Inhaltliche Aspekte

Sie sollten sich immer vergegenwärtigen, dass Ihre Arbeit Ihre Visitenkarte ist. Dementsprechend sollten Sie sowohl sorgfältig arbeiten als auch auf Ihre Sprache achten. Für gewöhnlich richtet sich Ihr Text an ein wissenschaftliches Publikum. Schreiben Sie Ihren Text auf Deutsch, dann richtet sich Ihr Text an eine deutschsprachige Wissenschaftsgemeinschaft. Es wird Sie kaum überraschen, dass Sie daher unbedingt die *Grammatik und Syntax des Deutschen beachten sollten.* Wenn Sie sich an diese grundlegenden Regelwerke halten, kann ein Leser bzw. eine Leserin Ihres Textes diesen auch verstehen.

Das Schöne an der deutschen Sprache sind die Möglichkeiten, die Sie Ihnen an die Hand gibt, um Ihren Lesern etwas zu vermitteln. Sicherlich wissen Sie, dass es verschiedene Arten von Sätzen gibt; Haupt- und Nebensätze. Für das Verständnis Ihres Textes sind Nebensätze von besonderer Bedeutung. An der Art, wie Ihre Sätze aufeinander aufbauen, kann man auch die inhaltliche Struktur Ihres Textes erkennen.

Für die Argumentation eines Textes ist besonders der *Konditionalsatz* von Bedeutung. Konditionalsätze geben Bedingungen bzw. Voraussetzungen für etwas an. Man leitet sie für gewöhnlich durch Wörter wie „wenn“ oder „falls“ ein. So z.B. in dem Satz „Wenn es regnet, […]“. Damit dieser Satz sinnvoll ist, muss man ihn um einen Hauptsatz ergänzen. Der Hauptsatz gibt hierbei an, was der Fall ist, wenn die Bedingung erfüllt oder nicht erfüllt ist. „Wenn es regnet, wird die Straße nass“ ist ein vollständiges Gefüge aus einer Bedingung und ihrer Folge. Man nennt dies auch *Konditionalgefüge.*

3.3. Die Konstruktion eines Arguments

Aber warum ist diese Art von Nebensatz so wichtig für Ihre Arbeit? Das hat weniger etwas mit der deutschen Sprache zu tun als vielmehr mit *Logik*. In einer wissenschaftlichen Arbeit argumentieren Sie, wenn Sie sich mit Ihren eigenen oder den Ergebnissen anderer auseinandersetzen. Sie präsentieren also Ihren Rezipientinnen und Rezipienten mindestens ein eigenes Argument oder ein Argument aus einem fremden Text.

Aber was ist ein Argument? Ganz allgemein gesprochen, ist ein Argument eine Folge von Aussagen. Einige dieser Aussagen geben Bedingungen für das Bestehen einer anderen Aussage an. Aussagen, die Bedingungen angeben, nennt man *Prämissen*. Die Aussage, deren Bestehen von den Prämissen abhängt, nennt man *Konklusion* oder ganz schlicht einen Schluss. Argumente bestehen also aus Bedingungen und mindestens einem Schluss.

Ein einfaches Beispiel für ein Argument ist:

1. Bedingung: Wenn alle Menschen sterblich sind und
2. Bedingung: wenn alle Juristen Menschen sind,
Schluss: dann sind alle Juristen sterblich.

In Texten werden Sie für gewöhnlich auf drei Arten von Argumenten treffen: deduktive, induktive und abduktive Argumente.

Ein deduktives Argument zeichnet sich dadurch aus, dass man vom Allgemeinen auf das Besondere schließt. So z. B. im folgenden deduktiven Argument:

1. Bedingung: Alle Menschen sind sterblich.
2. Bedingung: Einige Menschen sind Juristen.
Schluss: Juristen sind sterblich.

In der 1. Bedingung wird eine allgemeine Eigenschaft aller Menschen ausgesagt. Die 2. Bedingung sagt aus, dass Juristen eine Teilmenge der Menschen sind. Da einige Juristen zu den Menschen gehören, muss das, was für alle Menschen gilt, auch für die Juristen gelten, die zu den Menschen zählen. Man schließt also von der Allgemeinheit aller Menschen über einen besonderen Teil der Juristen auf eine besondere Eigenschaft eines Teils der Juristen, die Menschen sind.

Ein induktives Argument zeichnet sich hingegen dadurch aus, dass man vom Besonderen auf das Allgemeine schließt. So z. B. im folgenden induktiven Argument:

1. Bedingung:	Juristen sind Menschen. Polizisten sind Menschen.
2. Bedingung:	Juristen sterben. Polizisten sterben.
Schluss:	Menschen sind sterblich.

In der 1. Bedingung werden besondere Gruppen von Menschen bestimmt. Die 2. Bedingung sagt eine Eigenschaft aus, die allgemein für jede dieser Gruppen gilt. Sofern nun diese Eigenschaft für jede einzelne Gruppe gilt, muss sie für die ganze Gruppe von Menschen gelten. Über die besonderen Eigenschaften einzelner Gruppen schließt man somit auf eine Eigenschaft, die einer Gruppe im Ganzen zukommt.

Eine besondere Art des Arguments stellt das abduktive Argument dar:

1. Bedingung:	Juristen sterben. Polizisten sterben.
2. Bedingung:	Alle Menschen sind sterblich.
Schluss:	Juristen und Polizisten sind Menschen.

In der 1. Bedingung wird eine Eigenschaft besonderer Gruppen festgestellt. Die 2. Bedingung sagt eine Eigenschaft aus, die für Menschen gilt. Den Schluss bildet die Behauptung, dass die 1. Bedingung und 2. Bedingung eine Verbindung hätten. Er sagt nämlich aus, dass die besonderen Gruppen einer anderen Gruppe zugehörig sind.

Auf den ersten Blick mag dieses Argument einleuchtend sein. Aus Sicht der Logik ist es das aber nicht. Ein notwendiger Zusammenhang, aus dem hervorgeht, welche Gruppe welcher anderen Gruppe zugehörig ist, besteht nicht. Um dies zu verdeutlichen, nehmen wir folgende Bedingung hinzu:

3. Bedingung: Alle Pflanzen sind sterblich.

Hieraus könnte nun genauso gefolgert werden, dass alle Juristen und Polizisten Pflanzen sein müssten, was bislang nicht der Fall ist.

Solche Argumente, die auf den ersten Blick plausibel sind und bei näherer Betrachtung keinen logischen Zusammenhang aufweisen, können Ihnen in der Literatur häufig begegnen. Ein Grund mehr, immer zu hinterfragen, ob ein Argument in all seinen Bestandteilen auch nachvollziehbar ist.

Natürlich werden sich Ihre Argumente in Ihren Texten sehr viel komplexer und umfangreicher darstellen. Schließlich ist ein Text prinzipiell ein Gewebe. Aus Begriffsanalysen oder Dateninterpretationen ziehen Sie Ihre Schlüsse. Diese nutzen Sie wiederum für weitere Erklärungen und Analysen, sodass ein von Ihnen geschaffener Sinnzusammenhang entsteht. Die Verwendung des Konditionalsatzes bzw. des Konditionalgefüges gibt Ihnen dabei die Sicherheit, dass man diesen Sinnzusammenhang in ihrem Text argumentativ auch nachvollziehen kann.

Denken Sie doch einmal darüber nach, was mit dieser Nachvollziehbarkeit gemeint ist. Wann ist ein Text für Sie nachvollziehbar? Sie könnten jetzt einfach auf die obigen Aussagen zum Argument verweisen und sagen: „Wenn man Konditionalgefüge verwendet und Argumente nennt, dann ist ein Text nachvollziehbar.“ Das stimmt leider noch nicht ganz.

Wenn Sie sich eine Aussage ansehen, dann wird Ihnen auffallen, dass sie aus einzelnen Begriffen besteht. Jeder Begriff hat eine *bestimmte Bedeutung*. Ist diese Bedeutung nicht klar, kann man auch nicht verstehen, was die einzelnen Aussagen Ihres Arguments bedeuten sollen. Um Ihre Argumente nachvollziehen zu können, müssen Ihre Begriffe also auch eine bestimmte Bedeutung haben, d. h., sie müssen eindeutig sein.

3.4. Definitionen

In logischer Hinsicht ist ein Begriff dann eindeutig, wenn er definiert ist. Oftmals wird hierbei der Fehler begangen, Beispiele als Definitionen anzuführen. Soll z. B. der Begriff *Gedicht* definiert werden und man antwortet: „Ein Gedicht, das ist z. B. Schillers *Lied von der Glocke* oder Goethes *Der Zauberlehrling*", dann ist das keine Definition. Beispiele geben nur an, was einer Definition entspricht. Ob das aber auch der Fall ist, kann man nur beurteilen, wenn man eine Definition hat. Beispiele sind also niemals die Definition selbst.

Klassischerweise unterscheidet man zwei Arten von Definitionen, nämlich *Nominaldefinitionen* und *Realdefinitionen*. Mit diesen Arten sind verschiedene Ansprüche verbunden. Eine Nominaldefinition gibt eine Anzahl von Merkmalen an, die es ermöglichen, einen Begriff von anderen Begriffen abzugrenzen. Die Definition erfolgt hierbei beliebig, sofern nur die Bedeutung des Begriffs erkennbar ist und man ihn von anderen abgrenzen kann. Im Grunde haben Sie es in jeder wissenschaftlichen Disziplin, aber auch im Alltag zumeist mit Nominaldefinitionen zu tun. Ausnahmen bilden alle Wissenschaftsbereiche, die auf Mathematik und Logik aufbauen. Hier finden Sie meistens Realdefinitionen. Realdefinitionen geben alle wesentlichen Merkmale von etwas an. Sie sind also nicht beliebig und dienen daher nicht der Abgrenzung, sondern der Identifizierung. Realdefinierte Begriffe sind daher nicht nur eindeutig, sondern *ein*eindeutig. Das heißt, ein realdefinierter Begriff ist nicht anders definierbar. Das gilt beispielsweise für die Definitionen aller geometrischen Figuren.

Fällt Ihnen also auf, dass die Bedeutung der Begriffe in Ihren Argumenten nicht eindeutig ist, sollten Sie diese definieren.

Glücklicherweise können Sie dazu oftmals auf einschlägige Literatur zurückgreifen und müssen eine Definition nicht selbst herleiten. Nur eingeschränkt können Definitionen aus dem *Duden* empfohlen werden, da sie nicht selten uneindeutig sind bzw. wissenschaftlich nicht verwertbar, weil sie zirkulär sind. Das heißt, ein Begriff wird mit sich selbst erklärt. Sie und Ihre Leserinnen und Leser verstehen dadurch die Bedeutung eines Begriffs auch nicht besser. Nutzen Sie daher lieber die für Ihre Disziplin anerkannten Nachschlagewerke.

3.5. Was man vor der Auseinandersetzung mit den Texten anderer wissen sollte

Ein Hauptbestandteil Ihrer wissenschaftlichen Arbeit ist die kritische Auseinandersetzung mit Texten und Daten. Während Ihrer Ausbildung wurden Sie sicherlich öfter dazu ermutigt. Aber hat man Ihnen jemals erklärt, wie man das macht? Viele Dozierende vergessen dies, weil es ihnen längst in Fleisch und Blut übergegangen ist. Allerdings ist dieses Vorgehen nicht selbstverständlich und bedarf immer einer Erklärung.

Möglicherweise ist Ihnen während Ihrer Ausbildung das Wort „Hermeneutik" schon einmal begegnet. Die Hermeneutik stellt die Grundlage für jede kritische Auseinandersetzung mit Texten und Daten dar. In Methoden-Seminaren begegnet man ihr in Gestalt des hermeneutischen Zirkels bzw. der Spirale meist kurz. Aber was hat man genau unter Hermeneutik zu verstehen?

Der Begriff Hermeneutik stammt vom Altgriechischen ἑρμηνεύειν, dessen Grundbedeutung *ausdrücken* und *interpretieren* ist (Grondin, 2012, S. 36). Sowohl das Ausdrücken als auch Interpretieren zielt hierbei auf Bedeutungen in Form von bestimmten Wissenszusammenhängen ab.

Die Wörter in wissenschaftlichen Texten sollen bspw. Bedeutungen in Form von Begriffen ausdrücken. Ein Text ist daher als ein Träger von Bedeutung zu verstehen. Weil Wörter aber nur

Zeichen sind, kommt ihnen keine eigenständige Bedeutung zu. Man muss sie also interpretieren, um die Bedeutung zu erschließen. Wie man sich diese erschließt, ist Gegenstand der Hermeneutik.

Vielleicht denken sie nun: „Das ist also nur eine weitere Methode." Das stimmt nur bedingt. Hermeneutik ist etwas, was Menschen ständig tun: Sie interpretieren unentwegt alles Mögliche, um mit den Dingen in der Welt zurechtzukommen. Sie geben den Dingen dadurch eine spezifische Bedeutung. So machen sie sich verständlich, wozu und warum etwas in der eigenen Lebenswelt vorhanden ist. Gleichzeitig drücken Menschen diese Bedeutungen aus, indem sie bspw. ihr Leben miteinander gestalten. Dies geschieht niemals unbeeinflusst von bestehenden Bedeutungssystemen. Sie liegen vor durch die Sprache, das Studium, die Gesellschaft etc. und prägen den Menschen bereits vor seinen Interpretationen.

Das kann problematisch sein. Denn zu den Bedeutungen, die ein Text mit Blick auf die schreibende Person haben kann, treten die Bedeutungen, die Sie durch Ihre selbstverständlich vorhandene Vorerfahrung in einen Text hineininterpretieren. Sofern Sie diesen Umstand reflektieren, wenn Sie mit Texten und Daten arbeiten, muss hieraus kein Problem erwachsen. So sollte bspw. eine Person mit polizeiwissenschaftlicher Ausbildung immer bedenken, dass sie zunächst im Umgang mit Texten und Daten durch ihr Studium polizeiwissenschaftlich vorgeprägt ist. Wörter in einem Text werden daher zunächst durch die Brille der polizeiwissenschaftlichen Ausbildung interpretiert. Was nicht zwangsläufig der Bedeutung entsprechen muss, die eine psychologisch oder juristisch ausgebildete wissenschaftlich schreibende Person durch die gewählten Wörter ausdrücken will.

Um ein Verständnis von der Bedeutung der Texte und Daten anderer zu entwickeln, müssen Sie also über Ihre eigene Limitierung hinausdenken. Sie müssen gezielt hinterfragen, welche

Bedeutungen Texten und Daten über Ihr Verständnis hinaus zukommen. Für Ihre wissenschaftliche Arbeit ist dieses Hinterfragen besonders wichtig. Erst dadurch können Sie entscheiden, ob Texte und Daten thematisch für Sie bedeutsam sind und ob sie einen Beitrag zur Beantwortung Ihrer Forschungsfrage leisten.

3.6. Ein Vorschlag, um Bedeutungen herauszufinden

Um sich erfolgreich Bedeutungen von Texten und Daten erschließen zu können, bietet sich eine strukturierte Vorgehensweise an.

Bevor Sie sich mit Literatur auseinandersetzen, sollten Sie sich klarmachen, wodurch Sie vorgeprägt sind und wie sich dies auswirkt. Sich *eigene* Grenzen zu vergegenwärtigen ist wichtig. Sie erkennen so, welche zusätzliche Hilfe Sie benötigen, um sich in einem Themengebiet zurechtzufinden. Ein Weg, derlei Grenze zu überwinden, ist bspw. das Lesen von Einführungen in ein Themengebiet, ein anderer wäre der Besuch von Einführungsveranstaltungen in einzelnen Fachbereichen der Hochschulen.

Wenn Sie sich in die fachspezifischen Begriffe eingearbeitet haben, können Sie sich den Texten und Daten zuwenden, die für die Beantwortung Ihrer Forschungsfrage nützlich erscheinen. Auf den ersten Blick könnte man meinen, dass bereits aus dem Titel eines Textes ersichtlich ist, ob dies der Fall ist. Der Schein trügt. Wenn dies so wäre, müssten Artikel aus Tageszeitungen aufgrund ihrer Schlagzeilen für die Beantwortung so gut wie jeder Forschungsfrage nützlich sein.

Prüfen Sie besser anhand folgender Fragen, ob ein Text geeignet ist oder nicht: Ist der Text bei einem Verlag in einem Buch oder einer Fachzeitschrift erschienen?; Hat das Buch eine ISB-Nummer oder die Fachzeitschrift eine ISS-Nummer?; Welche wissenschaftliche Ausbildung und welchen Werdegang hat die Person, die den Text verfasst hat?; Welche anderen Texte hat diese Person bisher veröffentlicht?; Sind Rezensionen zum Text zu finden und wenn ja, wie bewerten diese den Text?[14]

Ähnliches gilt für Daten. Die Bezeichnungen mancher Datensätze erscheinen vielversprechend. Für die Verwendung in Ihrer wissenschaftlichen Arbeit sind sie deswegen aber nicht unbedingt geeignet. Ob sie geeignet sind oder nicht, sollten Sie anhand der nachfolgenden Fragen beurteilen: Wurden die Daten von einer wissenschaftlich anerkannten Einrichtung bzw. anerkannten wissenschaftlich Forschenden erhoben?; Welcher Fachrichtung gehören die Einrichtung und die wissenschaftlich Forschenden an?; Wie wurden die Daten erhoben?; Handelt es sich bei den Daten um Rohdaten oder Sekundärdaten?; Wie wurden die Sekundärdaten abgeleitet?[15]

Sofern Sie Texte und Daten erfolgreich als relevant eingestuft haben, sind Sie bereit, sich deren Inhalt zu erschließen. Für Texte gilt, dass Sie sich ihre Wortwahl genau ansehen sollten. In wissenschaftlichen Texten tauchen bestimmte Wörter immer wieder auf, die man im Alltag kaum oder überhaupt nicht verwendet. Dies sind Fachwörter mit besonderer themenspezifischer Bedeutung.

Weil die Bedeutung von Wörtern vielfältig sein kann, sollten Sie eine Liste anlegen, in der Sie diese Fachwörter und ihre Bedeutung sammeln. Im Sinne der Sprachwissenschaft sollten Sie zunächst herausfinden, was die *etymologische Bedeutung*[16] eines Wortes ist. Die Etymologie eines Wortes verrät, wo es herkommt und was es ursprünglich bedeutet hat. Für das Verständnis von Texten unterschiedlicher Fachrichtungen ist das Wissen um die etymologische Bedeutung von Wörtern sehr hilfreich, da sie sich

---

14 Die Auflistung ließe sich ergänzen.

15 Die Auflistung ließe sich ergänzen.

16 Wörterbücher, auch ein etymologisches, finden sich auf der Website des Digitalen Wörterbuches der Deutschen Sprache (www.dwds.de, Stand 04.07.2021).

zumeist in einer abgewandelten Form im Text wiederfinden lässt.

Weiter sollten Sie in einem für Ihren Text adäquaten Fachwörterbuch nach den Bedeutungen der Wörter suchen. Dadurch sehen Sie, welche Bedeutungen die einzelnen Wörter für gewöhnlich im entsprechenden Fachgebiet haben. Zuweilen lohnt sich ein zusätzlicher Blick in erläuternde Literatur. Dazu gehören z. B. Handbücher, Einleitungen oder Lexika. Hier finden Sie nähere Erläuterungen zu abweichenden Bedeutungen und Besonderheiten, die ein Wort bei einem Autor bzw. einer Autorin oder in einem Themengebiet aufweist.

Werfen Sie mit Ihrer Wortliste erneut einen Blick in den Text. Verstehen Sie ihn jetzt besser? Was sind nun die *Kernaussagen* des Textes? – Es kann vorkommen, dass Sie, je nachdem, welche Interpretation Sie den einzelnen Wörtern gegeben haben, unterschiedliche oder vielleicht überhaupt keine Kernaussagen herausbekommen. Dann empfiehlt es sich, erneut zu lesen und ggf. die Begriffsbestimmungen zu gewichten, indem Sie z. B. aktuellen und fachspezifischen Bestimmungen Vorrang einräumen. Des Weiteren müssen Sie, um die Bedeutung eines Textes zu erkennen, neben den Fachwörtern immer auch die Wörter im Blick haben, die Ihnen selbstverständlich erscheinen. Denn je nachdem, wie Sie diese Wörter interpretieren, kann ein Text eine vollkommen andere Bedeutung bekommen.

Sie können und müssen also immer wieder hinterfragen, ob Sie die Bedeutung von Wörtern kennen und unter welchen Umständen ein Wort noch andere Bedeutungen haben kann. Sofern Sie dies verinnerlicht haben, sind Sie bereit für eine wissenschaftliche und vor allem kritische Auseinandersetzung mit der Literatur.

3.7. Die Auseinandersetzung mit den Texten anderer

Der Existenzphilosoph Jean-Paul Sartre (1905–1980) meinte: „Die Hölle, das sind die anderen“ (Sartre, 1987, S. 59). Was die Texte anderer angeht, hat er in gewisser Weise Recht. Sie werden bei Ihrer Literaturrecherche auf Texte stoßen, die sowohl inhaltlich als auch sprachlich von unterschiedlicher Qualität sind. Durch einige werden Sie sich durchkämpfen müssen, während Sie andere mit Leichtigkeit bearbeiten können. Haben Sie zudem erst einmal einen Grundstock an Wissen über ein Thema erlangt und eine eigene Position erarbeitet, kann Ihnen so mancher Text als trivial, wiederholend oder vollkommen irrelevant erscheinen. Das ist allerdings kein Grund, die Arbeiten anderer geringzuschätzen oder sie kategorisch abzulehnen. Vielmehr sollte es Ihnen ein Ansporn sein, sich selbst zu hinterfragen und sich kritisch mit den Texten anderer Schreibender auseinanderzusetzen.

Eine kritische Auseinandersetzung besteht vor allem darin, dass Sie die *Argumente anderer wissenschaftlich Schreibender hinterfragen*. Nach kurzer, knapper Darstellung der Argumente eines Textes, gehen Sie in die vertiefende Auseinandersetzung. Grundlage hierfür können die unterschiedlichen Interpretationen des Textes, die Sie sich aufgeschrieben oder im Gedächtnis behalten haben, als Sie sich die Bedeutung des Textes erschlossen haben, sein. Sie prüfen, ob alle Bestandteile eines Argumentes wahr sind und man nachvollziehen kann, dass die Schlussfolgerung aus den Bedingungen folgt. Wenn dies zutrifft, ist das Argument schlüssig.

Kann ein und dasselbe Argument unterschiedlich interpretiert werden und jede Interpretation ist sinnvoll, müssen Sie sich des Weiteren kritisch mit dem Argument auseinandersetzen, indem Sie *selbst* argumentieren, warum eine Interpretation des Arguments eher zu bevorzugen ist als eine andere. Das setzt voraus, dass Sie neben der von Ihnen favorisierten Interpretation auch die anderen darlegen und begründen, warum diese weniger überzeugend sind. Im Anschluss treffen Sie eine Entscheidung: In wissenschaftstheoretischer Hinsicht ist die Angabe einer Lösung der wichtigste Akt in einer wissenschaftlichen Auseinandersetzung. Denn letztlich sind es die Lösungen, die wissenschaftlichen Fortschritt begründen.

Achten Sie immer darauf *klar* und *sachlich* zu schreiben. Andere Schreibende haben mit den gleichen Herausforderungen zu kämpfen wie Sie. Dass ein Autor oder eine Autorin in ihrem Text nicht sauber gearbeitet hat oder bestimmte Ansichten in ihrem Text nicht berücksichtigt hat, kann viele Gründe haben. Niemand ist perfekt; Sie sind es auch nicht. Berücksichtigen Sie das, wenn Sie sich mit den Argumenten anderer auseinandersetzen. Das heißt nicht, dass Sie nicht auch werten dürfen. Doch sollten Sie sich immer fragen, ob eine persönliche und respektvolle Wertung ihren Text bereichert oder nicht. Das heißt, ob dadurch für diejenigen, die Ihren Text lesen, eine zusätzliche Information gegeben ist, die das Verständnis des Textes erleichtert. In kleinen wissenschaftlichen Arbeiten ist das eher selten der Fall.

4. Zeitmanagement während des Schreibens

Eine besondere Herausforderung beim Schreiben einer Bachelorarbeit in praxisorientierten Studiengängen ist der Umgang mit der zur Verfügung stehenden Zeit. Das gilt vor allem bei Studiengängen, wie bspw. dem Polizeistudium, in denen ein Großteil der zu erbringenden wissenschaftlichen Leistungen nur in der Praktikumszeit geleistet werden können. Die meisten Einführungen zum wissenschaftlichen Schreiben werden Ihnen zur Meisterung dieser Herausforderung raten, die richtigen Methoden zur Zeitoptimierung anzuwenden. Sie werden dort bspw. lesen, dass Sie Zeit- und Leistungsfresser eliminieren sollen. Wobei Zeitfresser Beschäftigungen sind, denen Sie nachgehen, ohne dass Sie dabei der Fertigstellung der Bachelorarbeit näherkommen. Hierzu zählt bspw. die Beschäftigung mit Social Media, das Treffen mit Freundinnen und Freunden oder auch das Gassigehen mit dem Hund. Als Leistungsfresser werden Störfaktoren bezeichnet, die Sie daran hindern, an der Bachelorarbeit zu arbeiten. Darunter können überfüllte Bibliotheken und unruhige Besucherinnen und Besucher, eine zu geringe Selbstmotivation oder alltäglicher Papierkram zählen.

Identifizieren Sie, welche *Zeitfenster* Ihnen für ein konzentriertes und damit effizientes Arbeiten an Ihrem Bachelorprojekt zur Verfügung stehen. Halten Sie sich diese frei und nutzen Sie sie ganz bewusst ausschließlich für die Bearbeitung der Arbeit. *Priorisieren* Sie die zu erledigenden Aufgaben entsprechend ihrer *Dringlichkeit* und *Wichtigkeit*.[17] Auch insoweit ist Ihre betreuende Person wertvoll für eine Beratung, denn sie können sich ihre Erfahrungen zu Nutze machen.

---

17 Möchten Sie sich intensiver über die Möglichkeiten eines guten Zeitmanagements informieren, beziehen Sie in Ihre Recherchen bspw. das Pareto-Prinzip und das Eisenhower-Prinzip ein. Informationen hierzu finden Sie auch in Barsalou, Root Cause Analysis: A Step-By-Step Guide to Using the Right Tool at the Right Time, 2015 und in Knoblauch/Wöltje/Hausner/Kimmich/Lachmann, Zeitmanagement, 4. Auflage, 2019.

III. Teil: Die Präsentation von Ergebnissen – Über das Halten eines Vortrags

Ein wichtiger Bestandteil wissenschaftlichen Arbeitens ist die Präsentation der eigenen Ergebnisse. In vielen Fällen reduziert sich dies auf eine schriftliche Ausarbeitung, z. B. das Schreiben eines Aufsatzes, Buches oder Forschungsberichts. Jedoch ist daran zuweilen unbefriedigend, dass, wenn ein Text Fragen aufwirft, man von ihm keine Antworten erhält. Zudem sind manche Ergebnisse sehr umfangreich oder komplex schriftlich dargelegt. Beiden Herausforderungen begegnet man in der wissenschaftlichen Gemeinschaft unter anderem damit, dass man Forschende einlädt, Vorträge zu halten. Im Grunde ist die Aufforderung, einen Vortrag zu halten, also nichts Missliches. Sie ist sogar sehr positiv. Denn sie bedeutet, dass sich jemand für Ihre Arbeit und letztlich auch für Ihre Ansichten über Ihre Arbeit interessiert. In Ihrer jetzigen Situation liegt die Bedeutung darin, dass Sie die erste Stufe zum angestrebten akademischen Abschluss, die schriftliche wissenschaftliche Arbeit, erfolgreich gemeistert haben. Mit dem Vortrag können Sie unterstreichen, dass das Bestehen wie auch die Note gerechtfertigt sind. Sie können aber auch weitergehen: Sie können Ihre Note durch einen gelungenen Vortrag und eine ebensolche Disputation verbessern.[18]

18 Je nach Prüfungsordnung Ihrer Hochschule kann die mündliche und schriftliche Arbeit unterschiedlich gewichtet sein. Das bedeutet, dass die Punkte der Verteidigung einen größeren oder geringeren Anteil an der Gesamtbewertung der Bachelorarbeit ausmachen. Informieren Sie sich daher am besten vorab über die Modalitäten an Ihrer Hochschule bzw. Universität.

1. Die Vorbereitung des Vortrags

Wie also bereitet man so einen Vortrag vor und wie hält man ihn? Es wird Sie vielleicht überraschen, dass sich trotz des technischen Fortschritts seit mehreren tausend Jahren an den Grundprinzipien nichts geändert hat. Sehr ausführlich finden Sie diese vor allem in den Schriften der römischen Redner (lat.: oratores) oder der alten Griechen zur Redekunst (alt. grie.: τέχνη ῥητορική). Grundsätzlich lässt sich sagen, dass ein Vortrag eine verständliche und umfangreiche mündliche Rede ist. Verständlichkeit wie auch Umfang gehen hierbei Hand in Hand, worüber Sie sich in der Vorbereitung vor allem Gedanken machen müssen. Das heißt, es ist wichtig, dass Sie sich nicht nur überlegen, *was* Sie sagen, sondern vor allem, *wie* Sie dies sagen, damit Ihr Publikum Ihnen den ganzen Vortrag über folgen kann.

Der erste Schritt bei Ihrer Vorbereitung sollte die schriftliche Ausarbeitung Ihres Vortrags sein. Diese dient Ihnen als Arbeitsgrundlage, mit der Sie die Verständlichkeit und den Umfang des Vortrags optimieren können. Sie müssen dabei bedenken, dass die Zeit für einen Vortrag begrenzt ist und im seltensten Fall ausreicht, um eine Arbeit im Ganzen vorzustellen. Daher sollten Sie sich bei der Ausarbeitung auf die *wichtigsten inhaltlichen Aspekte* Ihrer Arbeit beschränken. Denn diese stellen das Skelett Ihres Vortrags dar, dem Sie durch stilistische Mittel Leben einhauchen werden.

Doch welche Aspekte sind wichtig? In Ihrer Arbeit werden Sie zu einem bestimmten Ergebnis gekommen sein. Fragen Sie sich, welchen Aspekt Ihrer Arbeit man kennen muss, um das Ergebnis verstehen zu können. Auf diese sollten Sie sich konzentrieren. Schreiben Sie diese auf und setzen Sie sie in einem Fließtext in einen Zusammenhang, der verdeutlicht, dass die Aspekte miteinander in Beziehung stehen, dass Sie aufeinander aufbauen und zum Ergebnis hinführen. Beachten Sie schon jetzt, dass Sie mehr Zeit benötigen, um einen Text zu sprechen, als um ihn nur zu lesen.

Ein Richtmaß für die Sprechdauer bietet hierbei die Artikulationsrate. Die Artikulationsrate gibt die Anzahl von gesprochenen Silben pro Sekunde an (Huber, 2006, S. 197). Mit Pausen beträgt diese Rate ca. 2 bis 4 Silben in der Sekunde (Ebd.). Nimmt man an, dass man durchschnittlich 4 Silben in der Sekunde spricht, so sind das 240 Silben in der Minute (4 x 60 Sekunden); und geht man weiter davon aus, dass Wörter durchschnittlich zwei Silben haben, so kommt man auf ein Sprechtempo von 120 Wörtern pro Minute (240:2). *Dies entspricht* ***für gewöhnlich ungefähr 12 Zeilen auf einem A4-Format*** – bei einem normalen, d. h. nicht zu schnellem und nicht zu langsamen Sprechtempo (Bergauer & Janknecht, 2018, S. 30). Tatsächlich ist das aber nur ein Idealwert. Denn das tatsächliche Sprechtempo hängt maßgeblich von Ihren körperlichen Voraussetzungen ab, z. B. der Rundung des Mundes oder der Fähigkeit, den Unterkiefer schnell zu öffnen (Bergauer & Janknecht, 2018, S. 30). Damit der von Ihnen ausgearbeitete Fließtext nicht länger ist als Sie in der Ihnen zur Verfügung stehenden Zeit vortragen können, sollten Sie sich an ca. 120 Wörtern pro Minute orientieren. Hierfür können Sie die in den meisten der gängigen Textverarbeitungsprogramme, wie Word oder Pages, eingebaute Funktion nutzen, sich die Wortanzahl anzeigen zu lassen.

Anders als der Text Ihrer Bachelor- oder Masterarbeit sollte Ihr Vortragstext möglichst für Menschen geschrieben sein, die keine thematischen Vorkenntnisse besitzen. Er soll schließlich auch dazu dienen, umfangreiche und komplexe Ergebnisse anderen zugänglich zu machen. Da man für gewöhnlich nicht weiß, wer die Zuhörenden sind, ist es sinnvoll, eine möglichst einfache und eindeutige Sprache zu verwenden. Außerdem sollte der Text stilistisch ausgereift sein, damit dem Publikum nicht das Interesse an Ihrem Vortrag aufgrund von allgemeiner Ermüdung vergeht.

Eine einfache und eindeutige Sprache zeichnet sich nicht nur dadurch aus, dass man statt Schachtelsätzen *kurze Sätze* verwendet. Wie der römische Redner Quintilian (35–96 n. Chr.) in seinen Schriften ausführt, ist die Einfachheit und Eindeutigkeit der Sprache immer auch in Beziehung zum potenziellen Publikum und der Zeit zu sehen, in der man lebt (Quintilian & Russell, 2001, S. 160–184). Um komplexe Sachverhalte darzustellen, kann man sich bspw. einer *Analogie* bedienen. Eine Analogie erläutert durch den Rückgriff auf Bekanntes, dass eine Ähnlichkeit oder Gleichheit zu scheinbar Unbekanntem besteht. Hierfür müssen Sie sicher sein, dass für Ihr Publikum das für Sie Bekannte nicht etwas Unbekanntes ist. Sonst erklären Sie Unbekanntes mit Unbekanntem, was weder einfach noch eindeutig ist. Weiterhin spielt Ihre Wortwahl eine wichtige Rolle. Natürlich könnten Sie sich der Wörter so bedienen, wie sie im Alltag von den meisten in ihrer Lebensumgebung verwendet werden. Doch ist die umgangssprachliche Bedeutung von Wörtern oftmals ungenau und ihr Gebrauch weist kleine grammatikalische Fehler auf. Für Menschen, die nicht aus demselben Sprachraum wie Sie selbst kommen, würde dies die Verständlichkeit Ihres Vortrages schmälern. Ratsam ist daher, die deutsche Standardsprache zu verwenden und Abstand von Wörtern zu nehmen, die zu umgangssprachlich oder für den heutigen Gebrauch zu alt sind.

Natürlich lässt sich eine einfache und eindeutige Sprache durch viele stilistische Mittel erreichen. Es gibt jedoch Stolperfallen, die Einfluss auf Einfachheit und Eindeutigkeit haben können, die immer abhängig davon auftreten, welche stilistischen Mittel Sie in Ihren Vortrag einfließen lassen. Da dies teilweise unbeabsichtigt passiert, weil man sich über die Besonderheiten eines stilistischen Mittels nicht klar ist, sollten Sie nicht davor zurückschrecken sich zu informieren, welche stilistischen Mittel die deutsche Sprache überhaupt kennt. Denken Sie daran: Ihre Ausarbeitung dient dazu, Ihren Vortrag zu optimieren, also,

Fehler im Text zu berichtigen und den Vortrag immer wieder anpassen, bis im besten Fall keine Verbesserung mehr möglich ist. Zu Ihrer Unterstützung für die Ausarbeitung seien hier ein paar rhetorische Stilmittel genannt, die Sie sinnvoll in Ihrem Vortrag einbauen können:

Tabelle 1: Beispiele für rhetorische Stilmittel

Rhetorisches Stilmittel	Definition	Beispiel
Anrede	Direktes Ansprechen der Zuhörenden	Werte Professorinnen und Professoren, Dozentinnen und Dozenten und Studierende …
Antithese	Gegenüberstellung von Gegensätzlichem und sich Widersprechendem	Einerseits lässt sich sagen …, andererseits ist im Gegensatz/Unterschied dazu zu sagen, dass …
Antitheton	Gegenüberstellung von Gegensätzlichem und sich nicht Widersprechendem	Prävention macht die Gesellschaft sicherer, doch fördert sie das Aufkommen neuer Arten der Kriminalität.
Aufzählung	Eine Reihe von kurzen Sätzen	Hierbei sind drei Fakten zu nennen: Erstens …, zweitens …
Beispiel	Die Verdeutlichung von etwas Erklärtem	Z. B. stellt das Leben ein Rechtsgut in dem Sinne dar, wie ich es gerade erklärt habe.
Concessio	Anerkennung der Richtigkeit eines Arguments mit gleichzeitiger Widerlegung durch stärkere eigene Argumente	Was Sie sagen, das stimmt schon, aber …

Rhetorisches Stilmittel	Definition	Beispiel
Kürzung	Ersetzung eines langen Wortes oder Satzes, das beim Publikum nicht auf jeden Fall bekannt ist, durch ein Wort bzw. eine Kurzbezeichnung	WHO statt World Health Organization
Metapher	Bedeutungsübertragung eines sprachlichen Ausdrucks in einen anderen Bedeutungszusammenhang, ohne dass dabei verglichen wird	Herkulesaufgabe (im Sinne einer immens umfangreichen Aufgabe anstatt der zwölf Aufgaben des Herkules)
Pluralis Modestiae	Pluralverwendung statt des Singulars, um Bescheidenheit auszudrücken	Wir haben es somit fast geschafft und kommen zum Schluss des Vortrags.
Prokatalepsis	Einem Einwand zuvorkommen	Freilich könnte der eine oder die andere hier einwenden, dass …
Zitat	Die wörtliche Wiedergabe von Gesagtem oder Geschriebenen	Wie Bertrand Russell es formulierte: „Viele Menschen würden eher sterben als denken. Und in der Tat: Sie tun es.“

2. Das Üben des Vortrags

Ist Ihre Ausarbeitung geschrieben, können Sie sich damit auf Ihren Vortrag vorbereiten. Dafür können Sie verschiedene Methoden nutzen. Eine beliebte Übung ist die Rede vor dem Spiegel. Der Spiegel hat den Vorteil, dass Sie sich immer selbst im Blick haben. Sie können sehen, wie Ihre Körperspannung ist, wie Sie Mimik und Gestik während des Sprechens einsetzen.

Vielleicht denken Sie, dass Ihre Mimik und Gestik während des Vortrags unwichtig sind. Schließlich wollen Sie Ihr Publikum nur über Ihre Arbeit informieren und vorstellen, was Sie wie und warum gemacht haben. Daher sollte das Augenmerk auf der verständlichen Darlegung der inhaltlichen Aspekte der Arbeit liegen. Leider oder vielleicht auch zum Glück verarbeiten Menschen Informationen am besten, wenn sie aufmerksam sind. Aufmerksamkeit muss eine Rednerin oder ein Redner daher erzeugen und bei längerem Sprechen aufrechterhalten. Das gilt vor allem in einer Zeit, in der dank psychologisch ausgeklügelten Marken- und Produktdesigns so gut wie jeder Gegenstand mehr Aufmerksamkeit auf sich ziehen kann, als es der Mensch durch sich selbst vermag. Ihre Gestik und Mimik ermöglichen es Ihnen als natürliche Hilfsmittel, Aufmerksamkeit auf sich zu ziehen. Ihr Einsatz ist daher von elementarer Wichtigkeit, um den Zuhörenden Informationen zu vermitteln.

Dies bedeutet aber nicht, dass Sie während Ihres Vortrags wild zappeln sollten. Vielmehr sollten Sie ruhig und besonnen sein. Nehmen Sie bei der Übung vor dem Spiegel Blickkontakt mit einem imaginären Publikum auf. Stellen Sie sich eine Gruppe von Menschen vor, die in mehreren Reihen Ihnen gegenübersitzt. Atmen Sie tief durch und achten Sie auf Ihre Körperspannung. Stehen Sie nicht da wie ein steifer Stock, aber auch nicht wie aus Pudding gemacht. Seien Sie aufrecht und präsent.

Um den Ernstfall richtig zu üben, sollten Sie zudem die Kleidung tragen, die Sie auch beim Vortrag tragen würden. Weil der Dresscode an den polizeilichen Einrichtungen vorgegeben ist, müssen Sie sich über die Kleidungswahl keine Gedanken machen. Jedoch müssen Sie, um möglichst realistisch üben zu können, darauf achten in sauberer und gebügelter Kleidung vor dem Spiegel zu stehen. Dies gilt umso mehr für die echte Vortragssituation. Nicht wenige prüfende Personen schauen kritisch auf eine zerknitterte und schlechtsitzende Uniform. Auch Frisur und ggf. Make-up sollten dem Anlass angemessen sein, d. h. zurückhaltend und gepflegt.

Wenn Sie sprechen, dann achten Sie darauf, dass sich Ihre Gedanken und Worte nicht überschlagen. Reden benötigt Zeit; verständliches Reden für gewöhnlich noch mehr Zeit. Während der Blickkontakt zu Ihrem Publikum besteht, sprechen Sie langsam und deutlich. Überprüfen Sie an der Mimik ihrer Zuhörenden, ob sie Ihnen folgen können oder ob Sie wohlmöglich zu schnell sprechen. Beziehen Sie durch Blickkontakt die Zuhörenden ein. Suchen Sie sich Punkte in den vorderen Reihen, der Mitte und in den hinteren Reihen. An den Reaktionen in den hinteren Reihen können Sie messen, ob Sie das komplette Publikum erreichen, ob Sie laut genug sprechen und vor allem im richtigen Tempo. Schaut man nur in die vordere Reihe, spricht man allzu häufig zu leise und zu schnell.

Vor dem Spiegel können Sie gedanklich immer wieder verschiedene Situationen durchspielen, sich selbst dabei bewerten und Taktiken zurechtlegen, um verschiedene Situationen während der mündlichen Prüfung zu meistern. Sinnvoll ist das vor allem dann, wenn Sie unsicher sind und Stress empfinden. Indem Sie ein bestimmtes Verhalten einüben, werden Sie sicherer und können ungewohnte Situationen kontrollierter meistern.

Neben einem Spiegel kann auch ein Video von Ihrem Probevortrag helfen, Optimierungsmöglichkeiten auszuloten.

2.1. Gedächtnisübungen

Nachdem Sie Ihre Ausarbeitung fertiggestellt haben, stellen Sie sich vielleicht die Frage, wie Sie diese im Gedächtnis behalten sollen. Freilich könnten Sie Ihren Text einfach wie ein Gedicht auswendig lernen. Zumeist wirken solche Vorträge aber nicht natürlich, sondern gestelzt. Außerdem besteht die Gefahr, dass man, falls etwas Unvorhergesehenes wie eine plötzliche Nachfrage während des Vortrags passiert, den Einstieg in seinen Text nicht mehr findet.

Eine bessere Methode ist die so genannte Loci-Methode, die inhaltlich unterschiedlich gestaltbar ist. Sie geht laut Cicero (106–43 v. Chr.) zurück auf Simonides von Keos (ca. 557–468 v. Chr.), der nachweislich als erster bildhafte Vorstellungen mit dem verknüpft hat, was er im Gedächtnis behalten wollte (Cicero, Sutton & Rackham, 1942, S. 462–466; Yates, 1990, S. 11). Das ist auch die Besonderheit der Methode. Man wählt bestimmte Orte aus, die einem besonders gut bekannt sind. Diese Orte werden geistig mit Hinweisen gefüllt, z. B. Bildern, Buchstaben etc., mit denen bestimmte Inhalte assoziiert werden. Sie können die Orte als einzelne Stationen Ihres Vortrags ansehen. Indem man diese während eines Vortrags geistig abläuft und sich die Hinweise vor Augen führt, mit denen sie gefüllt sind, erinnert man sich an die Inhalte, über die man im Vortrag an bestimmter Stelle sprechen möchte. Zum Beispiel können Sie sich für den Beginn Ihres Vortrages den Eingangsbereich eines Hauses vorstellen, der mit Gegenständen dekoriert ist, die zum Thema ihrer Arbeit passen. Wollen Sie nach Ihrer Einleitung über Methoden sprechen, stellen Sie sich vor, dass Sie vom Eingangsbereich in ein Labor wechseln, in dem ein Tisch mit einem Fragebogen liegt. In dieser Weise können Sie fortfahren, bis Sie den Schluss Ihres Vortrags erreicht haben.

Für Menschen, denen räumliche Vorstellungen weniger liegen, bietet sich eine Abwandlung der beschriebenen Loci-Methode in Anlehnung an das Gedächtnistheater des Giulio Camillo detto Delminio (1480–1544 n. Chr.) an (Yates, 1990, S. 123–149). Statt sich bestimmte Orte geistig vorzustellen, stellt man sich bestimmte Bilder oder Symbole vor. Hierbei sollten Sie Bilder und Symbole wählen, die Sie leicht mit bestimmten Inhalten Ihrer Arbeit assoziieren können. Sind die Inhalte sehr komplex, kann man sich nicht immer aufgrund eines Bildes oder Symbols an alle Inhalte erinnern. In solchen Fällen sollten Sie die Inhalte, an die Sie sich nicht erinnern können, mit einem

Symbol oder Bild verknüpfen, dass Ihnen das Erinnern erleichtert. Solche Bilder und Symbole sind dann den anderen untergeordnet, sie befinden sich sozusagen auf dem zweiten oder dritten Rang. Das Prinzip dahinter sollte Ihnen vom Computer-Desktop bekannt sein (Matussek, 2000, S. 81–100). Ein Icon auf Ihrem Bildschirm steht für bestimmte Informationen. Klicken Sie es an, öffnet sich entweder ein Programm oder Sie gelangen zu weiteren Icons, die Ihnen Zugang zu weiteren Informationen bieten. Alles, was Sie beim Gebrauch dieser Methode im Vortrag berücksichtigen müssen, ist die Reihenfolge der Bilder und Symbole, die für die einzelnen Stationen ihres Vortrages stehen.

Neben den genannten Methoden können Sie als zusätzliche Stütze auch auf die technischen Mittel zurückgreifen, die Ihnen während des Vortrags zur Verfügung stehen. Arbeiten Sie mit einer PowerPoint-Präsentation, können Ihnen die einzelnen Folien als visuelles Hilfsmittel zum Erinnern dienen. Jedoch sollten Sie die Folien nicht als Informationsersatz nutzen. Die Folien dienen ausschließlich dazu, Informationen so ausführlich wie nötig und so *kurz wie möglich* darzustellen. Das heißt, die Informationen müssen durch Sie noch in den richtigen Kontext gesetzt werden. Nutzen Sie daher die Folien und arbeiten Sie während Ihres Vortrags damit.

Nutzen Sie ggf. auch die Notizenseiten von PowerPoint. Stichpunkte auf Karteikarten können aber ebenso hilfreich sein. Bedenken Sie dabei, dass zuweilen Bildschirme erst auf den Vortragsmodus eingestellt werden müssen, damit Sie die Notizenseiten sehen können und das Auditorium lediglich die Folien. Technische Unterstützung erhalten Sie im Bedarfsfall durch Fachkräfte an Ihrer Hochschule.

Während des Vortrages sollten Sie dem Auditorium nicht den Rücken zukehren. Die PowerPoint-Präsentation läuft als Unterstützung hinter oder neben Ihnen. Wenn Sie auf den Folien etwas zeigen möchten, stellen Sie sich seitlich und nutzen Sie einen Pointer. Allerdings sollten Sie das, was Sie zeigen möchten nicht nur mit einem roten Punkt kennzeichnen, sondern umkreisen Sie den relevanten Bereich (mit ruhigen Bewegungen).

Wer sicher gehen möchte nichts zu vergessen, kann die Anrede mit den ersten Einleitungssätzen auswendig lernen. So gelingt der Einstieg souverän und gibt Sicherheit für den weiteren Verlauf, der dann im freien Vortrag erfolgen sollte. Die letzten Sätze können dann wieder auswendig gelernt sein, um einen präzisen Endpunkt zu setzen.

2.2. Mögliche Probleme und wie man damit umgeht

Ein Problem, das Sie am besten so früh wie möglich aus dem Weg räumen sollten, liegt in den technischen und räumlichen Möglichkeiten, die Ihnen während des Vortrags zur Verfügung stehen. Nicht immer können Sie zu der Zeit und in dem Raum, in dem Sie Ihren Vortrag halten werden, jedes Mittel nutzen, das Sie einsetzen wollen und könnten. Halten Sie Ihren Vortrag mit einer PowerPoint-Präsentation, dann sollte auch ein Beamer vorhanden sein, damit das Publikum Ihre Folien sehen kann. Verfügt der Raum über ein Mikrophon oder müssen Sie sich darauf einstellen, dass sie lauter als gewöhnlich sprechen müssen? Im letzteren Fall sollten Sie sich gezielt darauf vorbereiten, damit Ihre Stimme über den ganzen Vortrag hinweg stabil bleibt. Eine geeignete Vorbereitung darauf ist bspw. Singen oder lautes Vorlesen. Sie können auch Zungenbrecher wie „Fischers Fritze" aufsagen. Stimmbänder, Lippen und Gesichtsmuskeln sollten gelockert sein für eine deutliche Aussprache und eine unverkrampfte Mimik.

Weitere Probleme können nach Ihrem Vortrag bei der Kommunikation mit dem Publikum auftreten. Ihnen werden mit Sicherheit Fragen gestellt. Diese sind oftmals kompliziert oder missverständlich formuliert, sodass sie nicht leicht im Gedächtnis bleiben und Sie Zeit benötigt, um eine Antwort darauf zu finden. Ratsam ist daher, dass Sie sich schon vor dem Vortrag einen Block bereitlegen, auf dem Sie später die Fragen des Publikums in Kurzform notieren können. Die kurze Notiz können Sie nutzen, um für Ihre Antwort Zeit zu gewinnen und sich zu vergewissern, ob Sie die Frage richtig verstanden haben. Nach dem Notieren können Sie zurückfragen, ob Sie die Frage richtig verstanden haben. Wiederholen Sie dazu die Frage in Ihren eigenen Worten, was Ihnen auch Zeit gibt zu überlegen, wie Sie darauf antworten könnten.

In manchen Fällen werden Ihnen Fragen gestellt, die die Überlegenheit des oder der Fragenden demonstrieren sollen. Dies ist anzunehmen, wenn etwas gefragt wird, das Sie nicht wissen oder das so speziell ist, dass man über spezielles Fachwissen auf dem Gebiet verfügen müsste. Dann nur keine Panik. Arbeiten Sie mit der fragenden Person und der Frage. Reagieren Sie nicht ablehnend. Weisen Sie darauf hin, dass die Frage interessant ist, dass sie Aspekte enthält, die Ihnen womöglich neu sind. Damit gewinnen Sie Zeit zum Antworten und um sich zu positionieren. Sollte Ihnen keine Antwort einfallen, so ist es keine Schande, wenn Sie das zugeben. Sie müssen allerdings begründen können, weshalb Ihnen keine Antwort einfällt. Sie könnten z. B. darauf hinweisen, dass der Fokus Ihrer Arbeit ein anderer war und Sie deshalb keine Antwort auf die Frage haben. Was nicht bedeutet, dass Sie sich nicht später noch damit beschäftigen könnten.

3. Allgemeiner Aufbau eines Vortrags

Alle Vorträge im mündlichen Prüfungsabschnitt auf dem Weg zum Bachelor unterliegen einheitlichen Formalien, die das Prüfungsamt zuvor herausgibt und die zwingend zu beachten sind. Diese Vorgaben wirken sich auch auf Aufbau und Inhalt des Vortrages aus.

Im Allgemeinen sollten vier Bereiche erkennbar sein:

a) Begrüßung
b) Einleitung in das Thema
    a. Überblick über Thema
    b. Gliederung/Ablauf
c) der spezifische Vortrag: das Wichtigste Ihrer Arbeit
d) Konklusion

Nicht alle Zuhörenden im Auditorium müssen jederzeit alle Inhalte verstehen. Der Wissens- und Erfahrungshorizont ist sehr unterschiedlich. Gerecht werden Sie den meisten Zuhörenden, wenn Sie sich die zeitliche Struktur des Vortrags wie eine Eieruhr vorstellen, wo sich in der Mitte der Kreis derjenigen verengt, die problemlos folgen können:

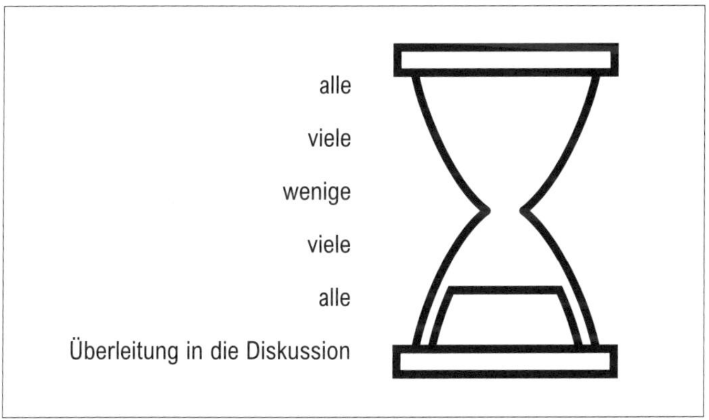

Abbildung 3: Stundenglas (eigene Darstellung und MS lizensiert)

In der Regel besteht die Prüfungskommission auch aus den Gutachterinnen bzw. Gutachtern der schriftlichen Arbeit, selten ausnahmslos aus Lehrenden der (Fach-)Hochschule, die mit dem bearbeitenden Thema nicht oder nur aus anderen Zusammenhängen heraus vertraut sind. Diese achten auf zweierlei: Einerseits sind logische Zusammenhänge wichtig. Überzeugt der vorgestellte Gedankengang, kann die vorgetragene Argumentation das Ergebnis tragen? Andererseits sollte deutlich werden, dass Sie Ihr wissenschaftliches Thema gefunden und bearbeitet haben. Nur, wenn Sie es selbst wichtig und richtig finden, können Sie dies auch anderen vermitteln und sie begeistern.

4. Das Streitgespräch

Im Anschluss an den Vortrag können Prüfende und andere Zuhörende Fragen stellen, Anmerkungen und Kritik äußern. Erfahrungsgemäß sprechen nur die Prüfenden mit der vortragenden Person.

Je weiter die Prüfenden von den Inhalten eines Vortrags fachlich entfernt sind, umso mehr konzentrieren sie sich auf Formalien wie Stil, Design und Medieneinsatz. Dies ist zugleich Vor- und Nachteil. Aus Sicht des Studierenden mag es auf den ersten Blick günstig sein, allein durch gutes Auftreten und Sprechen Punkte zu erhalten, aber eine angemessene Bewertung berücksichtigt vorrangig die Inhalte. Nur so kann eine faire Benotung der studentischen Arbeiten, also auch mit Blick auf Vergleichbarkeit der Noten, gelingen. Wer eine inhaltlich sehr gute mündliche Arbeit vorweist, dem sollte nicht die nötige Anerkennung verwehrt werden, weil er hin und wieder ins Stocken geraten ist.

Eine Besonderheit an manchen (Fach-)Hochschulen der Polizei ist, dass es keine Transparenz hinsichtlich der Fachlichkeit der Prüfenden gibt. Sie kennen die Prüfenden aus bestimmten Modulen, die in einigen Fällen jedoch nur einen Ausschnitt ihres Wissens und ihrer Kompetenzen widerspiegeln. Das heißt, Sie müssen evtl. damit rechnen, dass auch diejenigen Lehrenden, die Sie nicht in dem von Ihnen bearbeiteten Fachbereich unterrichtet haben, fachkundig sind. Wer mit der Materie Ihres Vortrages vertraut ist, wird vor allem inhaltliche Fragen stellen. Im Streitgespräch müssen Sie folglich gut informiert sein. Lesen Sie zuvor noch einmal Ihre Arbeit und informieren Sie sich auch über aktuelle Entwicklungen, da diese angesprochen werden könnten. So vermitteln Sie den positiven Eindruck, dass Sie ein über die schriftliche Bearbeitung hinausgehendes Interesse an der Forschungsfrage haben.

Fragen, die häufig seitens der Prüfenden gestellt werden, sind:

- Was ist Ihre konkrete Forschungsfrage, diese war nicht erkennbar?
- Welche Relevanz hat Ihre Forschungsfrage für die Polizei?
- Wo sehen Sie selbst kritische Punkte in Ihrer Bearbeitung?

Die erste Frage zielt auf ein grundlegendes Problem: Es fällt vielen Studierenden sehr schwer, eine Forschungsfrage vorzustellen. Häufig bleibt es bei Benennung eines Themenbereichs. Bereits in der Vorbereitung des Vortrages sollten Sie daher kritisch hinterfragen, ob Sie eine konkrete Frage, die eindeutig zu beantworten ist, aufgestellt haben. Sollte dies dennoch im Vortrag nicht gelungen sein, ist das Streitgespräch die letzte Gelegenheit, dies nachzuholen.

Die Relevanz des Themas für die Polizei sollte bereits im Vortrag deutlich werden. Zuweilen fehlt es an Zeit, dies zu vertiefen. Nun wird Ihnen Gelegenheit gegeben, dies weiter und ausführlicher auszuführen.

Die dritte Frage wird nicht selten falsch verstanden. Dies ist nicht die Aufforderung zur Selbstgeißelung. Reden Sie Ihre Arbeit nicht schlecht und äußern Sie nicht, dass Sie nicht Ihr

Bestes gegeben hätten. Vielmehr geht es darum abzuwägen, was fachlich optimal gewesen wäre und an welchen Stellen Sie aus welchen Gründen dahinter zurückgeblieben sind.

Ein Beispiel: Um Aussagen zur Kriminalitätsfurcht der Bevölkerung treffen zu können, müssten Sie in Deutschland eine repräsentative Nettostichprobe von ca. 2000 Personen ziehen. Das ist in einer Bachelorarbeit nicht zu leisten. Daher verzichten Sie auf Repräsentativität und treffen nur Aussagen zu einer lokal begrenzten kleineren Stichprobe, die aus Männern und Frauen aus den zwei Ballungszentren eines Bundeslandes besteht. Das ist ein großes Vorhaben für eine Bachelorarbeit.

Formal gilt auch im Streitgespräch, was schon beim Vortrag gesagt wurde. Sie sollten sich um eine klare, eindeutige Sprache bemühen. Seien Sie sachlich. Sollten Sie sehr aufgeregt sein, gönnen Sie sich eine kurze Pause während der Diskussion, trinken Sie einen Schluck, suchen Sie sich kurz einen anderen Punkt im Raum, bevor Sie sich wieder dem Fragenden zuwenden. Bleiben Sie dabei ruhig und verbindlich.

Das Streitgespräch können Sie vorab mit Freundinnen und Freunden oder Familie üben. Halten Sie Ihren Probevortrag vor diesem Publikum und beantworten sodann dessen Fragen. Achten Sie darauf, dass Sie kritische Freundinnen und Freunde und Familienmitglieder auswählen.

So vorbereitet sollten Sie ein gutes Stück sicherer durch alle Phasen des Bachelorerfahrens kommen. – Viel Erfolg!

IV. Teil: Anhang mit weiterführenden Hinweisen und Literatur

1. Die ersten Schritte für Studierende

Balzert, Helmut / Schröder, Mario / Schäfer, Christian, Wissenschaftliches Arbeiten: Ethik, Inhalt & Form wiss. Arbeiten, Handwerkszeug, Quellen, Projektmanagement, Präsentation. 2. Auflage. Springer Campus, Wiesbaden 2017.

Karmasin, Matthias / Ribing, Rainer, Die Gestaltung wissenschaftlicher Arbeiten: Ein Leitfaden für Facharbeit/VWA, Seminararbeiten, Bachelor-, Master-, Magister- und Diplomarbeiten sowie Dissertationen, 10. Auflage, Facultas Verlags- und Buchhandels AG, Wien 2019.

Stickel-Wolf, Christine / Wolf, Joachim, Wissenschaftliches Arbeiten und Lerntechniken: Erfolgreich studieren – gewusst wie!, 9. Auflage, Springer Gabler, Wiesbaden 2019.

Voss, Rüdiger, Wissenschaftliches Arbeiten … leicht verständlich!, 7. Auflage, UVK Verlag, München 2017.

2. Zum wissenschaftlichen Schreiben

Schröder, Christian / Bergmann, Marcus / Sturm, Michael, Richtiges Zitieren: Ein Leitfaden für Jurastudium und Rechtspraxis, Vahlen, München 2010.

Dornis, Tim W. / Keßenich, Florian / Lemke, Dominik, Rechtswissenschaftliches Arbeiten: Ein Leitfaden für Form, Methode und Inhalt zivilrechtlicher Studienarbeiten, Mohr Siebeck, Tübingen 2019.

Byrd, Sharon B. / Lehmann, Matthias, Zitierfibel für Juristen. 2. Auflage, C.H. Beck, München 2016.

Joerden, Jan, Logik im Recht, 3. Auflage, Springer, Berlin & Heidelberg 2018.

King, Stephen, On Writing: A Memoir of the Craft, Hodder & Stoughton, New York 2012.

Klaner, Andreas, Wie schreibe ich juristische Hausarbeiten, 3. Auflage, Berliner Wissenschafts-Verlag, Berlin 2003.

Meidl, Christian N., Wissenschaftstheorie für SozialforscherInnen, Böhlau, Wien/Köln/Weimar 2009.

Möllers, Thomas M. J., Juristische Arbeitstechniken und wissenschaftliches Arbeiten: Klausur, Hausarbeit, Seminararbeit, Studienarbeit, Staatsexamen, Dissertation, 10. Auflage, Vahlen, München 2021.

Putzke, Holm, Juristische Arbeiten erfolgreich schreiben: Klausuren, Hausarbeiten, Seminare, Bachelor- und Masterarbeiten. 7. Auflage, C.H. Beck, München 2021.

Schimmel, Roland, Juristische Klausuren und Hausarbeiten richtig formulieren, 14. Auflage, Vahlen, München 2020.

Strobach, Niko, Einführung in die Logik, 5. Auflage, wbg Academic, Darmstadt 2019.

3. Über wissenschaftliche Methoden

3.1. Allgemein

Flick, Uwe / Kardorff, Ernst von / Steinke, Ines, Qualitative Forschung: Ein Handbuch, 12. Auflage, Rowohlt, Reinbek bei Hamburg 2015.

Diekmann, Andreas, Empirische Sozialforschung, 4. Auflage, Rowohlt, Reinbek bei Hamburg 2010.

Döring, Nicola / Bortz, Jürgen, Forschungsmethoden und Evaluation in den Sozial- und Humanwissenschaften. 5. Auflage, Springer, Berlin & Heidelberg 2016.

Mayring, Philipp, Einführung in die qualitative Sozialforschung. 6. Auflage, Beltz, Weinheim 2016.

Przyborski, Aglaja / Wohlrab-Sahr, Monika, Qualitative Sozialforschung: Ein Arbeitsbuch, 4. Auflage, Oldenbourg Verlag, München 2014.

Reichertz, Jo, Qualitative und interpretative Sozialforschung: Eine Einladung, Springer VS, Wiesbaden 2016.

Silverman, David, Doing Qualitative Research, 5. Edition, SAGE Publications Ltd., Thousand Oaks 2017.

Schnell, Rainer / Hill, Paul B. / Esser, Elke, Methoden der empirischen Sozialforschung. 11. Auflage, De Gruyter, Berlin& Boston 2018.

3.2. Besondere Methoden

Bacher, Johann / Pöge, Andreas / Wenzig, Knut, Clusteranalyse: Anwendungsorientierte Einführung in Klassifikationsverfahren, 3. Auflage, Oldenbourg Verlag, München 2010.

Backhaus, Klaus / Erichson, Bernd / Plinke, Wulff / Weiber, Rolf, Multivariate Analysemethoden: Eine anwendungsorientierte Einführung, 15. Auflage, Springer Gabler, Berlin und Heidelberg 2018.

Kaiser, Robert, Qualitative Experteninterviews: Konzeptionelle Grundlagen und praktische Durchführung, Springer VS, Wiesbaden 2014.

Mayring, Philipp, Qualitative Inhaltsanalyse: Grundlagen und Techniken, 12. Auflage, Beltz, Weinheim 2015.

Müller, Horst, Mind Mapping: TaschenGuide, 4. Auflage, Haufe, Freiburg 2013.

Nöllke, Matthias, Kreativitätstechniken, 8. Auflage, Haufe, Freiburg 2020.

Porst, Rolf, Fragebogen: Ein Arbeitsbuch. 4. Auflage, Springer VS, Wiesbaden 2013.

Renner, Karl-Heinz / Jacob, Nora-Corina, Das Interview: Grundlagen und Anwendung in Psychologie und Sozialwissenschaft, Springer-Verlag, Berlin 2020.

Strübing, Jörg, Grounded Theory: Zur sozialtheoretischen und epistemologischen Fundierung eines pragmatistischen Forschungsstils, 3. Auflage, Springer VS, Wiesbaden 2014.

Tschirk, Wolfgang, Bayes-Statistik für Human- und Sozialwissenschaften, Springer Verlag, Berlin 2019.

Wernet, Andreas, Einführung in die Interpretationstechnik der Objektiven Hermeneutik, 3. Auflage, VS Verlag für Sozialwissenschaften, Wiesbaden 2009.

4. Hinweise für die Erstellung einer kriminologischen Themenarbeit

Kreuzer, Arthur, Regeln zur Bearbeitung von Hausarbeiten im kriminologischen Wahlfach, JuS 1991 (10), 830–833.

Kreuzer, Arthur, Regeln zur Bearbeitung von Hausarbeiten im kriminologischen Wahlfach, JuS 1991 (11), 930–933.

Kreuzer, Arthur, Regeln zur Bearbeitung von Hausarbeiten im kriminologischen Wahlfach, JuS 1992 (1), 42–44.

Kreuzer, Arthur, Regeln zur Bearbeitung von Hausarbeiten im kriminologischen Wahlfach, JuS 1992 (3), 220–222.

5. Recherchemöglichkeiten

Eine erste Anlaufstelle für Literaturrecherchen und -bestellungen kann der Online Public Access Catalogue (OPAC) sein. In ihm finden Sie die Literatur der Zentralen Bibliothek und der Zweigbibliotheken:
https://lhhal.gbv.de/

Besser als der OPAC eignet sich für Bibliotheksrecherchen die Datenbank des Gemeinsamen Bibliotheksverbundes (GBV):
www.gbv.de

WorldCat ermöglicht Ihnen eine Literatursuche in Bibliotheken auf der ganzen Welt. Es ist jedoch zu beachten, dass nicht jede Bibliothek am weltweiten Ausleihverkehr teilnimmt:
www.worldcat.org

ScienceDirect stellt die weltweit größte elektronische Datenbank zur Recherche von Literatur aus Wissenschaft und Technik dar:
www.sciencedirect.com

Für die Suche nach frei zugänglichen wissenschaftlichen Veröffentlichungen eignet sich die Bielefeld Academic Search Engine (BASE):
www.base-search.net

Fachdatenbanken (an den Universitätsbibliotheken, teilweise an Hochschulen):

- DZI SoLit
- Suchsystem des National Center for Biotechnology Information NCBI (ermöglicht die Suche in vielen unterschiedlichen Datenbanken zugleich)
- WISO
- PsycINFO
- PubMed
- Psyndex
- PubPsych
- Sage eReferences
- SOFIS
- Juris
- Beck online (jur. Verlag, auch mit Lehr- und Studienliteratur)
- EUR-Lex
- Dokumentations- und Informationssystem (DIP)Springer-Link (für diverse Fachgebiete)
- Wiley Online Library (für diverse Fachgebiete)

- GESIS (mit mehreren Angeboten zu Fragebögen, Datensätzen und Methodenberichten)
- World Value Surveys (WVS)
- statistische Landesämter und statistisches Bundesamt
- europäische statistische Datenbanken

Insgesamt sind mehr als 1200 Datenbanken bspw. an der Universität zu Halle zugänglich.

Die Anmeldung und Nutzung öffentlicher Bibliotheken (Universitäten, HS, Gerichte) sind frei. Zahlungspflichtig sind Kopien und Fernleihen.

Krimdok der Universität Tübingen:

- http://krimdok.ifk.jura.uni-tuebingen.de/kd4query_d.html

Verlage mit Online-Ressourcen:
www.sagepub.com
www.springerlink.de oder www.springerlink.com
www.nomos-elibrary.de
onlinelibrary.wiley.com
https://beck-online.beck.de

für wiss. Lehrpersonal:
www.jstor.org

eher für die journalistische Recherche geeignet:
www.findarticels.com

Fachdatenbank für rechtspolitische Themen
https://jpo.wrlc.org/

Fachdatenbank für soziologische Studien und erhobene Daten
https://www.gesis.org/angebot/recherchieren/

Diverses

Google Scholar, https://scholar.google.de/

Wikipedia, https://de.wikipedia.org/

Krimpedia, www.kriminologie.uni-hamburg.de/wiki/index.php/Hauptseite

Bundeszentrale für politische Bildung, www.bpb.de

Bundeskriminalamt, www.bka.de

Bundesministerium für Familie, Senioren, Frauen und Jugend, www.bmfsfj.de

Bundesministerium des Inneren, www.bmi.bund.de

Bundesministerium der Justiz, www.bmj.de

Deutsches Jugendinstitut, www.dji.de

Europarat, www.coe.int

Europäische Union, http://europa.eu/

European Society of Criminology (Working Groups), www.esc-eurocrim.org

Englisches Innenministerium (Homeoffice), Research and Statistics, www.homeoffice.gov.uk/science-research/research-statistics/

Konstanzer Inventar zur Kriminalitätsentwicklung und zur Sanktionsforschung, www.ki.uni-konstanz.de/

Kriminologisches Forschungsinstitut Niedersachsen, www.kfn.de/home.htm

Kriminologische Zentralstelle, www.krimz.de

Justizstatistiken der USA, www.bjs.gov

Literaturverzeichnis

Bake, Julika, Interventionsalltag: Zu den Selbst- und Fremdverständnissen deutscher Intervenierender in Kriegs- und Krisengebieten, transcript Verlag, Bielefeld 2018.

Barsalou, Matthew A., Root Cause Analysis: A Step-By-Step Guide to Using the Right Tool at the Right Time, CNC Press, Boca Raton 2015.

Bergauer, Ute G. / *Janknecht*, Susanne, Praxis der Stimmtherapie: Logopädische Diagnostik, Behandlung, Übungsmaterialien, 4. Auflage, Springer-Verlag, Berlin 2018.

Cicero, Marcus Tullius, On the Orator: Books 1–2. Translated by E. W. Sutton, H. Rackham. Loeb Classical Library 348. Harvard University Press, Cambridge & London 1942.

Doyle, Arthur Conan, Scandal in Bohemia, in: Sherlock Holmes. The Complete Novels and Stories. Volume I. With an Introduction by Loren Estleman, Random House, New York 2003, S. 239–263.

Fiesel, Susanne / *Goetz*, Bernhard / *Götz*, Mareike / *Hagen*, Katrin / *Jayakodi* Sandra / *Klett*, Doris / *Leskowitsch*, Elvira / *Schmitz*, David Nicolas / *Schwendemann*, Wilhelm, Das Forschungsprojekt „Untersuchung zur Berufsethik in der Polizei“, in: *Schwendemann*, Wilhelm / *Goetz*, Bernhard / *Lammer*, Kerstin (Hrsg.), Unterwegs in den Wirklichkeiten der Polizei: Polizeiseelsorge und Berufsethik der Polizei, V & R unipress, Göttingen 2015.

Goethe, Johann Wolfgang von, Goethe's Werke. Vollständige Ausgabe letzter Hand. Sieben und vierzigster Band, J. G. Cotta'sche Buchhandlung, Stuttgart und Tübingen 1833.

Grimm, Jacob / *Grimm*, Wilhelm Deutsches Wörterbuch von Jacob und Wilhelm Grimm. 16 Bd. in 32 Teilbänden. Leipzig 1854–1961, Bd. 21. Deutscher Taschenbuch Verlag, München 1999 [1935].

Grimm, Jacob / *Grimm*, Wilhelm, Deutsches Wörterbuch von Jacob und Wilhelm Grimm. 16 Bde. in 32 Teilbänden. Leipzig 1854–1961. Bd. 30. Deutscher Taschenbuch Verlag, München 1999 [1960].

Grondin, Jean, Einführung in die philosophische Hermeneutik, 3. Auflage, Wissenschaftliche Buchgesellschaft, Darmstadt 2012.

Huber, Walter, Dysarthrie, in: *Hartje*, Wolfgang / *Poeck*, Klaus (Hrsg.), Klinische Neuropsychologie, 6., unveränderte Auflage, Georg Thieme Verlag, Stuttgart 2006, S. 174–202.

Joint Quality Initiative: Shared ‚Dublin' descriptors for Short Cycle, First Cycle, Second Cycle and Third Cycle Awards. 18 October 2004. Ursprünglich veröffentlicht unter: www.jointquality.org/content/descriptors/CompletesetDublinDescriptors.doc

Knoblauch, Jörg / *Wöltje*, Holger / *Hausner*, Marcus / *Kimmich*, Martin / *Lachmann*, Siegfried, Zeitmanagement, 4. Auflage, Haufe-Lexware, Freiburg 2019.

Liddell, Henry George / *Scott*, Robert / *Jones*, Henry Stuart / *McKenzie*, Roderick, A Greek-English Lexicon. A New Edition.

Revised and augmented. Volume I. The Clarendon Press: Oxford 1940.

Matussek, Peter, Computer als Gedächtnistheater, in: *Darsow*, Götz-Lothar (Hrsg.): Metamorphosen. Gedächtnismedien im Computerzeitalter, Frommann-Holzboog, 2000, S. 81–100.

Quintilian, Marcus Fabius, The Orator's Education Books 1–2. Edited and translated by Donald A. Russell, Loeb Classical Library 124, Harvard University Press, Cambridge & London 2001.

Sartre, Jean-Paul, Geschlossene Gesellschaft. Stück in einem Akt. Übersetzt von Traugott König, 54. Auflage, Rowohlt Verlag, Hamburg 2017.

Schmidt, Steffen, Das äußere Erscheinungsbild von Beamtenbewerbern: Eine Untersuchung des Spannungsverhältnisses zwischen Art. 33 Abs. 2 GG, beamtenrechtlichen Dienstpflichten und Art. 2 Abs. 1 GG, Nomos Verlag, Baden-Baden 2017.

Wiater, Werner, Wissensmanagement: Eine Einführung für Pädagogen, VS Verlag für Sozialwissenschaften, Wiesbaden 2007.

Yates, Frances A., Gedächtnis und Erinnern: Mnemonik von Aristoteles bis Shakespeare, VCH Verlagsgesellschaft mbH, Berlin 1990.

Eigene Notizen